Mein Dank gilt in erster Linie meiner Frau, die es mir in jeder Hinsicht ermöglicht hat, dieses Buch zu schreiben. Ohne ihre Liebe, ihr Verständnis und ihre Unterstützung wäre es mir nicht möglich gewesen, dieses Buch zu schreiben.

Weiterhin möchte ich meinem Sohn danken, der nicht nur den Umschlag entworfen, sondern mir auch durch viele lange Diskussionen sehr geholfen hat, den einen oder anderen Irrweg zu erkennen und nicht zu gehen.

Auch Frau U. Baecker, die mir verboten hat ihren Vornamen auszuschreiben, gilt mein herzlicher Dank. Sie hat mit großem Zeitaufwand dafür gesorgt, dass dieses Buch entstehen konnte.

Hubert Werner Holzer   Eitting Februar 2011

Hubert Werner Holzer

„Unser" täglich Geld

Veröffentlicht Eitting März 2011
Umschlaggestaltung Daniel Holzer
Printed in Germany
ISBN 978-3-00-034053-6

Inhalt

Vorwort

„ Unser täglich **GELD** gib uns heute,

und vergib uns unsere **SCHULDEN,** denn der **$CHEIN** ist das Reich und die Kraft und die Macht und die Herrlichkeit.

In Ewigkeit!???" .

Die Allmacht des Geldes, die absolute Beherrschung des Menschen durch Geld, die unausweichlichen Schulden.

Sind das wirklich Tatsachen, denen wir unwiderruflich ausgesetzt sein müssen?

Müssen wir uns damit abfinden, dass die Steuerung durch Geld uns zu Marionetten macht, deren Leben nur noch da-durch bestimmt ist, es zu bekommen, zu behalten und zu vermehren?

Ist unser Status als Mensch nur noch durch das Geld zu definieren, durch das, was wir besitzen oder nicht besitzen, so dass unsere eigentlichen Werte immer mehr in den Hintergrund rücken?

Hubert Holzer setzt sich in diesem Buch kritisch mit all jenen Begriffen auseinander, mit denen wir täglich durch die Medien konfrontiert werden und deren Verständnis die Voraussetzung ist, eine politisch und gesellschaftlich verantwortungsvolle Haltung einnehmen zu können.

Denn :

Verstehen wir diese Begriffe überhaupt?

Begreifen wir bis ins kleinste Detail, was wirklich hinter Worthülsen wie **Wachstum, Stabilität, Produktivität steckt?**

Wissen wir, wer diejenigen sind, die wirklichen Wohlstand erreichen und zwar dauerhaft?

Auf wessen Kosten ist das eigentlich erst möglich?

Große Aufmerksamkeit wird daher dem Punkt zugemessen, inwieweit die Politik ein Instrument der Geldelite darstellt.

Jeder weiß mittlerweile um die immense Staats- und Privatverschuldung, hat gehört, dass wir uns in einer Wirtschaftskrise befinden, die jedoch von verantwortlicher Seite so herunter gespielt wird, dass „wir uns keine SORGEN" machen müssen, der „Staat" habe alles im Griff!

Sind **WIR** nicht der Staat?

Entgleitet **UNS** nicht alles?

Der „**Grund zur Sorge**" ist größer, als „Ottonormalverbraucher" sich vorstellt, begnügt man sich doch mit Bruchstücken der Wahrheit, die uns als Erklärungsmodelle angeboten werden.

Der „**Grund zur Sorge**" liegt ganz am Anfang unserer Geldwirtschaft. Er befindet sich auch nicht weit weg auf anderen Kontinenten, sondern wir finden ihn **weltweit**. Er bezieht alle Problemfaktoren wie Umweltzerstörung, Religion, Hungersnöte, Kriege, Völkerverfeindung, Massenarbeitslosigkeit …, alle vergangenen, gegenwärtigen und zukünftigen Krisen, mit ein.

Aber:

„**Der Grund zur Sorge**" kann ein Beginn sein, demütige und unterwürfige Denkstrukturen abzulegen und in ein selbstbewusstes hinterfragendes Verhalten umzukehren.

Anhand lebensnaher Beispiele und unter Einbeziehung psychologischer Betrachtungselemente erläutert Hubert Holzer anschaulich und für jeden nachvollziehbar politische, ökonomische und gesellschaftliche Tatsachen, deren umfassendes Durchschauen bisher nur Privileg einiger weniger war.

Es ist ihm gelungen ein Buch entstehen zu lassen, dass sämtliche Genres miteinander verbindet:

Informativ wie ein Sachbuch, inhaltlich gefüllt mit Lebenswirklichkeit wie ein Roman und bis zur letzten Seite spannend wie ein Krimi.

Eines ist unübersehbar:

Hubert Holzer hat dieses Buch unter Beteiligung großer Emotionen geschrieben!

Spüren Sie hier oder da Ironie, manchmal Bitterkeit?

Richtig!

Es ist oft bitter, sich Wahrheiten anzuschauen.

Aber Sie werden auch Anteilnahme spüren, die eigentlich in unserer Natur liegt, auch wenn wir uns so oft darum bemühen, dieses allzu menschliche Gefühl im Sinne von „coolness" nicht mehr aufkommen zu lassen.

U. Baecker , Berlin, Dezember 2010

In eigener Sache

Hallo, liebe Leser, ich richte mich direkt an Sie.

Der Grund, weshalb ich Sie an dieser Stelle anspreche, ist der Diskurs, den ich mit meiner lieben Freundin U. Baecker, die für mich viel Zeit und Mühe investierte, um mir zu helfen, meine Abhandlung entstehen zu lassen, über den Anfang meines Buches hatte. Sie war der Meinung, ich sollte nicht mit dem Kapitel der Wachstumslüge beginnen, denn dieses Kapitel ist sehr von Schlagworten besetzt und wirkt auf den Leser ab-schreckend. Der Anfang wirkt, als ob, wie hat sie sich so plakativ ausgedrückt, „schon wieder so ein Arschloch, das mich mit irgend welchen radikalen Parolen in irgend eine Richtung ziehen möchte", das geschrieben hätte. Sie sagte zu mir, dass nur der Sympathiebonus mir gegenüber sie dazu bewog, nach dem 1. Kapitel weiter zu lesen. Und dann sei sie davon gepackt und richtig gut informiert worden.

Und es wäre doch schade, wenn ich Leser durch den radikalen Anfang des Buches vom Lesen abschrecken würde.

Obwohl sie in ihrer Einschätzung sicher recht hat, was sowohl die Radikalität als auch den Inhalt angeht, lasse ich das erste Kapitel „Die Wachstumslüge" da wo es ist. Denn wenn sie sich von der Radikalität des Anfangs abschrecken lassen, dann ist das Ihre Sache. Ich habe dieses Buch nicht geschrieben, um Ihnen schöne Gefühle zu erzeugen, oder Ihnen einen vergnüglichen Abend zu bereiten. Ich habe dieses Buch geschrieben, um Ihnen vom ersten Satz an die Radikalität, mit der Sie von unseren Eliten belogen und betrogen werden, in Ihr Gesicht zu schleudern. Sie haben keine Zeit mehr langsam wach zu werden.

Es geht um ein Blitzerwachen.

Da ich zu jedem radikalen Ausdruck, den ich verwendet habe, stehe, und ich weder mit Ihnen noch mit Bankern oder Politikern auf Kuschelkurs gehen möchte, ist es mir völlig egal, ob Sie die Radikalität meines ersten Kapitels als Entschuldigung nutzen möchten, um einer Aufklärung zu entgehen oder nicht.

Ich bin kein geschliffener Schriftsteller, der versucht, Sie in geschraubter Art und Weise zu unterhalten. Ich teile Ihnen nur mit, wie Sie und Ihre Kinder von den leitenden Eliten belogen und betrogen werden, sonst nichts.

Wenn Sie Unterhaltung suchen, dann lesen Sie was von Simmel oder das liebe „Moppel-Ich" von Susanne Fröhlich, da kommen Sie mit einem in Leerlauf geschalteten Hirn durch.

Sorry, liebe U. Baecker, Du hast sicher recht, aber da ich radikal und stur bin, lasse ich die Reihenfolge wie sie ist. Und die, die sich davon abschrecken lassen, sind nicht mein Verlust.

Hubert W. Holzer Eitting, Januar 2011

Prolog

Die Wachstumslüge ist *die* "geniale" Lüge, mit der die gesamte Menschheit in einem sie zu Arbeitssklaven degradierenden System gehalten wird.

Genial ist diese Lüge allerdings nur aus der Sicht der Menschen, die sie erfunden und dem Rest der Menschheit eingeredet haben.

Genial für die Wenigen, die davon als einzige wirklich profitieren, den Bankern und den "Finanzinvestoren", die auf dem Rücken und der Leistung der gesamten Menschheit leben.

Und nur durchführbar in einem politischen System, wie es die Mehrheit der westlichen Welt unter Führung des Epizentrums des organisierten Bankenbetrugs, den USA, betreibt.

Das perfekte System, um diesen Betrug zu betreiben, ist die **parlamentarische Diktatur**, die es den Bankern ermöglicht, alles Notwendige für ihren Raubzug auf dem kurzen Dienstweg zu erledigen.

Mit einer **parlamentarischen Diktatur** lässt sich das Volk vom Zentrum der Macht vortrefflich fern halten. Im Kurzwahlspeicher aller Präsidenten, Kanzler und Kanzlerinnen ist nicht das Volk gespeichert, in diesem Kurzwahlspeicher sind aber sehr wohl die Telefonnummern der bekanntesten und einflussreichsten Bankern und Industriellen gespeichert, die unter Umgehung der Wahlurnen und damit jeder demokratischen Regel alle ihre Vorhaben umsetzen können. Darum werden wir allen politischen Lippenbekenntnissen zum Trotz niemals eine echte Demokratie, bei der das Volk zu jedem Gesetz um seine Meinung befragt wird, erleben.

Echte Demokratie ist der Tod der Bankerallmacht und muss deshalb um jeden Preis verhindert werden.

Die wahren Führer dieser Welt, die großen Bankerdynastien, verschleiern mit der Wachstumslüge in der Hauptsache 4 Dinge:

1. Die einzigen, die den durch Wachstum versprochenen steigenden Wohlstand wirklich erreichen, sind sie selbst, die Banker.

2. Die schleichende relative Verarmung des arbeitenden und produzierenden Teils der Bevölkerung, auf deren Kosten der Wohlstand der Banker generiert wird, wird solange verschleiert, bis durch einen Krieg diese Verarmung auf einen Schlag zu Tage tritt.

Dieser Krieg wird dann selbstverständlich einem politischen oder religiösen Grund zugeschrieben.

Bis es zu dem angesprochenen Vertuschungskrieg kommt, spricht man von der "immer stärker auseinander klaffenden Einkommensschere". Egal wie sehr die Berufstätigen ihre Produktivität auch steigern, die Einkommensschere driftet trotzdem immer weiter auseinander. Seltsam, oder?

3. Mit der Bankerwaffe **Zins** kann die Dauer der Ausbeutung der Bevölkerung bestimmt werden, also die Zeit zwischen den Kriegen. Spätestens, wenn die Überschuldung des Staates und der privaten Haushalte durch das von den Bankern erfundene und kontrollierte System des Schuldgeldes mit **Zins** nicht mehr zu verheimlichen ist, ist die Zeit für einen neuen "großen Krieg" gekommen. Die „natürlich dem Krieg geschuldete" Enteignung und Verarmung, die dann für jeden sichtbar ist, wird in der Regel als Kriegsfolge allgemein akzeptiert, und nicht mehr der vorher stattgefundenen Plünderung der Bevölkerung durch die Banker zugeschrieben.

4. Nicht zuletzt wird verschleiert, dass sich die Banker verhalten wie Verbrecher, die zur Verschleierung ihrer Straftat den Tatort verwüsten. So ist es den Bankern gelungen, sowohl durch die Zerstörung, als auch durch den Wiederaufbau nach Kriegen doppelt zu verdienen. Die vieler Leben und ihrer gesamten Habe beraubte Bevölkerung bekommt nach den Kriegen und der unvorstellbaren Zerstörungen ihrer Lebensleistung "netterweise" eine neue "unbelastete" Währung, die die alte durch Hyperinflation zerstörte, ersetzt. So können die Banker, die vom Krieg demoralisierte Bevölkerung in einer neuen Währung, aber im selben alten Schuldgeldsystem und zur neuen Ausbeutung bereit, "begrüßen".

Diese essentiellen Tatsachen gilt es natürlich mit allen Mitteln zu vertuschen.

Nach nur 80 Jahren stehen wir erneut vor einem gigantischen, aber diesmal globalen und gleichzeitig in dieser Größenordnung noch nicht da gewesenen Kollaps aller Weltwährungen und damit vor dem 3. Verschleierungsweltkrieg.

Wenn wir jemals den Zyklus dieses Wahnsinns durchbrechen wollen, ist es heute die wichtigste Aufgabe eines jeden Einzelnen aufzuwachen, diesen Mechanismus zu erkennen und ihn aufzudecken.

Wir haben jetzt die letzte Gelegenheit, die vielfältigen uns zur Verfügung stehenden Informationssysteme zu nutzen, um die gesamte Menschheit aufzuklären, um nach dem **unvermeidlichen Kollaps** mit einem System neu zu beginnen, das uns diesen immer wiederkehrenden Wahnsinn erspart.

Wenn Sie am Ende meiner Abhandlung angekommen sind, werden Sie weder einen Gedanken an den Erhalt noch an die Reparatur eines Systems verschwenden, dass nach der Religion der zweitgrößte Betrug dem die Menschheit aufgesessen ist, darstellt.

Helfen Sie jetzt mit, ein zins-und schuldgeldfreies System gedanklich vorzubereiten, das nach dem Crash eingeführt werden kann.

Ich befürchte, dass es unsere letzte Chance sein wird, den sich selbst so bezeichnenden "Eliten" der Banken und Großindustrie die Maske vom Gesicht zu reißen. Denn so wie sich unsere modernen Kommunikationsmöglichkeiten eignen, Wissen zu vervielfältigen, so eignet sich diese Erfindung auch zur totalen Überwachung und Unterdrückung der gesamten Menschheit.

Die Waage hat sich noch nicht unwiederbringlich auf eine Seite geneigt, aber wenn wir nicht in Windeseile die sich den narzisstischen "Eliten" zuneigende Waage zurückreißen, ist unser Schicksal als Sklaven einiger herrschender "Eliten" besiegelt. Denn der Schritt vom total abhängigen Arbeitnehmer, der jeder Steigerung der Arbeitsanforderung folgen muss, um nicht aus dem System entfernt zu werden, zum vollkommen abhängigen und entrechteten Arbeitssklaven ist nur sehr klein.

In unserem Weltgeldfinanzsystem gibt es nicht Betrug. ES IST EIN EINZIGER BETRUG. EIN SCHNEEBALLSYTEM.

Angebot und Nachfrage

Es dürfte ein allgemeiner Konsens herrschen, dass mehr geleistete Arbeit zu mehr an erstellten Gütern führt. Ich glaube nicht, dass wir darüber streiten müssen, dass, wenn wir 4 Stunden arbeiten, wir in der Lage sind, in 8 Stunden bei gleichbleibender Produktivität in der Regel die doppelte Anzahl Produkte zu fertigen. Durch die Verdoppelung der Arbeitszeit haben wir dann 100% mehr Leistung erbracht. Wir haben damit durch unseren erhöhten Einsatz ein Wachstum von 100% geschaffen.

Bis jetzt stimmt die Aussage, dass mehr Arbeit zu größerer Produktion, also zu Wachstum und damit zu größerem Wohlstand führt.

Dem Produzenten, der 100% mehr arbeitet, ist es insofern möglich, seinen Wohlstand um 100% zu steigern. Er selbst profitiert also direkt von seiner Mehrarbeit und diese Mehrarbeit führt für ihn damit ohne Umweg zu Wachstum und zu gesteigertem Wohlstand.

Er kann jetzt diesen erhöhten Ertrag dazu verwenden, mehr Güter zu ertauschen, die ihm das Leben angenehmer machen oder die zusätzlichen Güter selbst verbrauchen. Er kann sie aber auch für besondere Gelegenheiten zurücklegen. Mit dem Mehr an Erarbeitetem kann er jetzt z.B. vom Schuster öfter Schuhe kaufen.
Der Schuster wiederum, bei dem die erhöhte Nachfrage ebenfalls zu erhöhter Produktion führen kann, ist daher in der Lage, mit dem Mehr an Produktion, z.B. vom Schneider mehr Hemden zu ertauschen, und daher führt auch beim Schuster eine Steigerung seiner Produktion durch erhöhten Einsatz zur direkten Steigerung seines Wohlstandes.
Jede Mehrarbeit führt damit direkt und wahrhaftig für die, die sie leisten, zu Wachstum und Steigerung ihres Wohlstandes.

Ob es auch zur Steigerung ihres Wohlbefindens beiträgt, müssen die Betreffenden selbst entscheiden.

Wenn sie allerdings wieder weniger produzieren möchten, aus welchen Gründen auch immer, dann steht ihnen das frei. Denn da sie auch vor der Produktionssteigerung von ihrer Produktion leben konnten, liegt es ganz alleine an ihnen, wieder weniger zu arbeiten und zu produzieren, und mit dem Weniger ein eigenes, selbstbestimmtes Maß an Zufriedenheit zu finden. Denn sie stehen schließlich nicht in einer **WACHSTUMS- VERPFLICHTUNG.**

Niemand zwingt sie dazu, immer mehr zu arbeiten.

Wenn die Marktteilnehmer wieder weniger arbeiten, dann wird das Angebot auf dem Markt schrumpfen, vielleicht werden andere Schuster oder Schneider mehr produzieren, aber keiner muss. Die Gesellschaft würde auch bei einer Schrumpfung der Produktion nicht zusammenbrechen, ebenso wenig wie bei einer gleichbleibenden Produktion. Es wäre den Mitgliedern der Gesellschaft möglich, trotzdem zufrieden und dauerhaft zusammen zu leben.

Ein Zwang zu einer steigenden Produktion ergäbe sich allerdings bei einer wachsenden Bevölkerung.

Das Wachstum der Bevölkerung wäre der eine natürliche Fall, der einen Druck zum Wachsen erzeugen würde. Dieser „Wachstumsdruck" würde natürlich zu erhöhter Nachfrage und damit zu erhöhter Produktion führen. In einer solchen Konstellation wäre eine echte Regulation durch die Marktkräfte zwischen Angebot und Nachfrage und ein daraus entstehendes Gleichgewicht möglich. Da aber die neuen Nachfrager, die Kinder, irgendwann erwachsen und selbst zu Produzenten werden, ist ein Dauerdruck zur Steigerung der Produktivität des Einzelnen nicht gegeben.

Klingt etwas anders als das, was wir in unseren Gesellschaften erleben. Wo der Unterschied liegt, wird sich im Verlauf der Abhandlung erschließen.

So, dann schauen wir uns mal diese **Wachstumsgesellschaft** an, in der wir heute leben.

Was wir hören klingt fundamental anders als das, was ich oben beschrieben habe. Wir hören tagein, tagaus dasselbe Lied, Wachstum, Wachstum, Wachstum, nur der bringt Wohlstand. Und Stagnation oder sogar Schrumpfung bringt den Untergang. Mittlerweile fährt jedem bei dem Wort Rezession der Schreck in die Glieder.

Obwohl wir schon gar nicht mehr wissen, wo wir den 5. TV aufstellen, das 6.Handy deponieren sollen, werden im Fernsehen die DAUERWERBESENDUNGEN nur noch kurz von Filmen, Nachrichten oder Dokumentationen unterbrochen, um uns ständig daran zu erinnern, was wir noch nicht haben und unbedingt erwerben müssen.

Dabei spielt es schon lange keine Rolle mehr, dass immer mehr Menschen mittlerweile schon von Konsumterror sprechen, dem sie scheinbar nicht mehr entrinnen können. Ökologische Probleme kümmern unsere Politik und die von den Strippenziehern aus dem Hintergrund kontrollierten Medien nur, wenn es um die Kosten der Reparatur der verursachten Umweltschäden geht, die sie dann, in neue Steuern verpackt, den Bürgern präsentieren. Nur wenn es darum geht, wieder eine neue Steuer einzuführen, die dem Bürger aufgebürdet werden kann, beschäftigt das Thema Umweltschutz die politische Kaste. Oder wenn wieder ein neues Gerät zum "Energiesparen" durchgesetzt werden soll.

Nicht Vermeidung, sondern Geld zur "Reparatur" heißt die Agenda der "Weltführer".

Auch wenn die Lippenbekenntnisse der Politikgangster anders klingen: bei allen Reden von Reduzierung von welchen "Schadstoffen" auch immer, haben sie doch nur eine Agenda, und diese heißt Wachstum.

Und wir haben diese Agenda auch noch im Gesetz stehen.

Auch wenn man dem Volk Verantwortungsbewusstsein vorgaukeln möchte:

WACHSTUM GEHT NICHT OHNE GESTEIGERTEN VERBRAUCH

VON ROHSTOFFEN. ALLE ANDEREN AUSSAGEN SIND EINE BEWUSSTE LÜGE.

Bei all den mittlerweile sichtbaren Schäden unseres Lebensraumes und Grenzen, die wir erreicht haben, bleibt die Devise immer noch dieselbe, WACHSTUM um jeden Preis, denn ohne Wachstum, so wird immer wieder betont, droht uns der sofortige Untergang.

Die Regierungen der großen Fahrzeug-bauenden-Nationen hätten für diesen Wachstumswahnsinn kein besseres Beispiel geben können, als die sogenannte Auslobung der Abwrackprämie, oder wie es dann in Verhöhnung und den Verstand beleidigender Schönfärberei hieß, **UMWELTPRÄMIE.**

Mit dieser, und da fällt es mir schwer, eine angemessene Bezeichnung zu finden, die den Kern dieses Wahnsinns trifft, "Maßnahme" wurde ein wirtschaftlicher und ökologischer Schaden angerichtet, der so richtig die, wie man meinen könnte, geistige Vernageltheit und Kurzsichtigkeit der Politiker und ihrer Herren, den Bankern, aufgezeigt hat.

Begründungen für diese "Umweltprämie" waren durch den Wechsel auf Sprit sparende Fahrzeuge gleichzeitig Arbeitsplätze zu retten und die Umwelt zu entlasten.

Welch ein **doppelter Blödsinn**.

Die Finanzkrise hat solch tiefe und unüberwindbare systemische Ursachen, dass sie mit dieser Micky Maus Aktion nicht abgewendet werden kann. Ganz im Gegenteil, solche Aktionen sind gerade mit **die Gründe**, weshalb das Finanzsystem über unseren Köpfen zusammen schwappen wird.

Aus finanzieller Sicht war diese Maßnahme für uns Steuerzahler ein Totaldebakel, das keinen einzigen Arbeitsplatz gerettet, sondern nur den Verlust der Arbeitsplätze in der Automobilindustrie und ihren Zuarbeitern um einige Zeit hinausgeschoben hat. Und wie wir noch sehen werden, war die „Umweltprämie" auch aus ökologischer Sicht ein totaler Reinfall.

Wem diese "Umweltprämie" aber wieder einmal perfekt in die Hände gespielt hat, waren die Banken, die auch mit ihrer Befehlsgewalt der Politik in voller Verachtung demokratischer Regeln diesen Irrsinn diktiert haben.

Daher konnte die Umweltprämie jedem denkenden Menschen von der Politik und den Bankern zwar als vernagelt und kurzsichtig erscheinen, aber das war sie im Ergebnis nur für uns Steuerzahler, nicht jedoch für die Bankster.

Es stellt sich wieder einmal die Frage, woher denn der Staat das Geld für diese Aktion nahm?

Hatte er es aus der, wie es so schön im **Gesetz zur Förderung der Stabilität und des Wachstums der Wirtschaft (StabG)** zu lesen ist, **Konjunkturausgleichsrücklage**?

Diese **Konjunkturausgleichsrücklage**, in die, laut §6 dieses Gesetzes, der deutsche Staat, wie es so schön heißt:

Bei der Ausführung des Bundeshaushaltsplanes kann im Falle einer volkswirtschaftlichen Leistungsfähigkeit **übersteigenden Nachfrageausweitung** die Bundesregierung das Bundesministerium der Finanzen ermächtigen............,
Das Bundesministerium der Finanzen hat die dadurch nach Ablauf des Rechnungsjahres **frei gewordenen Mittel zur zusätzlichen Tilgung von Schulden bei der Deutschen Bundesbank zu verwenden oder der Konjunkturausgleichsrücklage zuzuführen.**

Aha, wir Bürger haben also ein Konto bei der Deutschen Bundesbank, mit dem Namen **Konjunkturausgleichsrücklage**.

Na, dann verlangen Sie mal den Kontoauszug für dieses Konto, das nach dem §6 des, **Gesetz zur Förderung der Stabilität und des Wachstums der Wirtschaft (StabG),** Absatz 2 dazu verwendet werden soll, bei einer **Abschwächung der allgemeinen Wirtschaftstätigkeit** zusätzliche Mittel zur Abwehr einer Störung des gesamtwirtschaftlichen Gleichgewichts aufzuwenden. Und diese Mittel sollen

zuallererst aus der **Konjunkturausgleichsrücklage** entnommen werden.

Dass 2008 eine Störung des gesamtwirtschaftlichen Gleichgewichts stattgefunden hat, bezweifelt wohl keiner.

Daraus folgere ich, dass die Deutsche Regierung die für die Zerstörung von Millionen, darunter hunderttausende funktionstüchtiger Fahrzeuge, und der damit verbundenen Vernichtung von volkswirtschaftlichem Vermögen, sicher wie es das Gesetz **zur Förderung der Stabilität und des Wachstums der Wirtschaft** es vorschreibt, notwendigen Milliarden aus der **Konjunkturausgleichsrücklage** entnommen hat.

Aber halt, wie geht das zusammen?

Führen wir uns vor Augen, dass Deutschland mittlerweile laut Bund der Steuerzahler (Schuldenuhr) mit 1.700 Milliarden Euro verschuldet ist. Dann nehmen wir mal an, dass der Kontostand der **Konjunkturausgleichsrücklage** 0,00000000000000 Euro beträgt.

Woher hat die Bundesregierung also das Geld für diesen Wahnsinn genommen?

Aus der Quelle, aus der sie jeden noch so großen Schwachsinn bezahlt.

Sie hat wieder neue Schulden gemacht.

Sie hat mindestens 5 Milliarden neue Schulden gemacht. Natürlich sind für diese Schulden Zinsen zu zahlen, selbstredend. Aber auch für diese Zinsen, wie für so vieles andere gilt: nur nicht darüber reden, denn was der Bürger nicht weiß, das macht den Bürger nicht heiß.

So hoffen wir, dass die Vernichtung von 2 Millionen Autos wenigstens ökologisch einen Sinn ergeben hat.

Wenn wir den ökologischen Ansatz einmal großzügig betrachten und davon ausgehen, dass die bald **Umweltprämie** genannte Abwrackprämie eine Benzinersparnis von durchschnittlich 1 Liter auf 100 km pro Fahrzeug gebracht hat, dann setzen wir mal dieser Ersparnis die Menge Öl entgegen, die aufgewendet werden muss, um eines dieser Fahrzeuge zu bauen.

Wenn wir von dem Einsatz von 5000l Erdöl ausgehen, die in einem Fahrzeug stecken um es zu fertigen, dann muss ein mit der Umweltprämie erworbenes Fahrzeug die Kleinigkeit von **500.000 km** fahren, um den Kauf aus ökologischer Sicht zu rechtfertigen. Sind wir noch großzügiger und nehmen an, dass pro Fahrzeug 2 Liter auf 100 km eingespart werden, dann bleibt immer noch eine notwendige Laufleistung von 250.000 km, um mit dem Energieaufwand gleich zu ziehen.

Was bedeutet das?

Wenn sie 20.000 km pro Jahr fahren, haben Sie in
12 ½ Jahren die Kilometerleistung erreicht, um die Neuanschaffung aus Sicht der Spritersparnis zu rechtfertigen.

Da werden aber die Politiker und Bankster ganz und gar nicht begeistert sein, wenn diese 2 Millionen Autos, die mit Hilfe der Abwrackprämie gekauft wurden, im Jahre 2023 immer noch auf unseren Straßen herumfahren. Sicher werden die Bankster der Politik vorher die Wiederholung der "genialen Umweltprämie" abverlangen, um eine weitere Störung des gesamtwirtschaftlichen Gleichgewichts abzuwehren.

Wie "genial" die Banker sind, können sie daran erkennen, dass sie diesen Wahnsinn nicht nur in Deutschland initiiert haben, sondern in vielen Ländern dieser Erde. Damit ist es ihnen gelungen, den Weltschuldenstand erheblich zu steigern. Und ihren Handlangern, den Politikern, fiel die Aufgabe zu, der Bevölkerung diesen "notwendigen" Schritt zur Erzielung des "lebenswichtigen" Wachstums öffentlich zu verkaufen. Ob dieses Wachstum Sinn macht oder nicht, scheint für diese "Entscheider" nicht die entscheidende Frage zu sein, solange sie Wachstum präsentieren können.

Ist Wachstum also doch überlebenswichtig und **droht uns ohne Wachstum der Untergang?**

Diese Frage muss eindeutig mit **ja** beantwortet werden.

Erschrocken?

Macht Ihnen die Vorstellung Angst, wir könnten entweder nur wachsen oder untergehen? Gibt es keine Alternative für uns? Haben die Politiker also doch recht?

Auch wenn es so aussieht, als ob es unser unabwendbares Schicksal ist, in einer Welt leben zu müssen, die zwischen den beiden Polen Neuanfang und Zusammenbruch gefangen zu sein scheint, gibt es eine Alternative. Aber zuerst müssen wir erkennen, weshalb wir diesen Zyklen von Neuanfang und Zusammenbruch scheinbar unentrinnbar ausgeliefert zu sein scheinen.

Ist es ein Naturgesetz, das uns diese Zyklen aufzwingt, oder haben wir bei unseren geschichtlichen Neuanfängen immer wieder etwas übersehen?

Da diese Zusammenbrüche kein Witz sind und in aller Regel mit unendlichem Leid und dem Tod vieler Menschen einher gehen, ist es meiner Ansicht nach aus legitimen egoistischen Gründen wichtig zu erkennen, **was und wer** mein Leben bestimmt und was ich gegen diese Fremdbestimmung unternehmen kann. Wer ebenfalls an dieser Frage interessiert ist und erfahren möchte, weshalb er trotz steigender Anstrengung das Gefühl hat, immer weniger Lebensqualität- bitte nicht mit Lebensstandart verwechseln- zu haben, den lade ich ein, sich mit mir gemeinsam das System genauer anzuschauen, das unser Leben bestimmt. Wenn wir das System verstanden haben, werden wir auch erkennen können, dass es keineswegs ein Naturgesetz ist, in der immer wiederkehrenden Schleife von Neuanfang und Zusammenbruch gefangen zu sein.

Der Zusammenbruch ist in diesem System zwangsläufig, und zwar immer und immer wieder.

Das Wirtschafts- und Finanzsystem, in dem wir heute leben, **verdammt** uns zu ewigem Wachstum. Diese Erkenntnis ist für jeden Laien leicht zu gewinnen. Zu diesem Erkenntnisgewinn braucht es keine tieferen Kenntnisse des Wirtschafts- und Finanzsystems.

Es ist für jeden Arbeitnehmer leicht nachzuvollziehen, dass, wenn er in einem Betrieb beschäftigt ist, der Jahr für Jahr stagnierende Absatzzahlen seiner Produkte hinnehmen muss, dieses nicht lange hingenommen wird und der Betrieb bald mit Einsparungen, die in der Regel Personaleinsparungen sind, beginnt. Entweder werden Mitarbeiter von Kollege-Maschine verdrängt, der kostengünstiger arbeitet, oder die Kollegen "fangen" die Mehrarbeit auf. In einem Betrieb, der sinkende Absatzzahlen verzeichnet, ist dieser Druck zur Kostenreduktion natürlich noch stärker. Es scheint also so zu sein, dass es nur die Chance gibt Arbeitsplätze zu erhalten, wenn die Produktion ständig gesteigert werden kann.

Das hieße, dass nur, wie es 1967 schon in ein Gesetz geschrieben wurde, bei **stetigem und angemessenem Wirtschaftswachstum Stabilität** möglich ist.

Wie kann ein System, das ein ständiges Wachstum braucht, stabil sein? Ein System ist entweder stabil oder es wächst, aber wenn es wächst, kann es nicht stabil sein.

Wie verrückt die Vorstellung eines ewigen Wachstums ist, braucht man keinem **denkenden** Menschen zu erklären. Unsere Erde ist ein begrenzter Raum, und keinen Rohstoff gibt es in unbegrenzter Menge. Wie kann ein System einen Sinn machen, das auf ein ewiges Wachstum setzt? Aber genau dieser Irrsinn, ist so "wunderschön" im **Gesetz zur Förderung der Stabilität und des Wachstums der Wirtschaft (StabG)** abzulesen. Hier ist der Widerspruch schon in der Überschrift zu erkennen.

Was nun, Wachstum oder Stabilität?

Wenn Stabilität von stetigem und angemessenem Wachstum abhängig ist, dann steht der Crash hier in Gesetzesform.

Aber weshalb wurde dieses Gesetz so beschlossen, wenn schon in der Überschrift der Crash formuliert ist?
War es Absicht, wollten die damaligen Gesetzgeber den Crash per

Gesetz? Oder haben sie das Gesetz in, wie es so schön heißt, "bestem Wissen und Gewissen" formuliert, und auch damals wieder dasselbe Detail übersehen, das uns das Leben so schwer macht und zu den regelmäßigen Crashs führt?

Was sagt dieses Gesetz aus, das am 14.Juni 1967 in Kraft trat und die Grundlage der deutschen Wirtschaftspolitik festlegen sollte? In seinen ersten Paragraphen legt es z.B. die Ziele fest, die die öffentlichen Haushalte in Deutschland bei ihren Entscheidungen beachten sollten.

Was sind also diese Grundlagen, die den Entscheidungsträgern in Deutschland seit 1967 dienen, um Wachstum und Stabilität herzustellen?

§1
Bund und Länder haben bei ihren wirtschafts- und finanzpolitischen Maßnahmen die Erfordernisse des gesamtwirtschaftlichen Gleichgewichts zu beachten. Die Maßnahmen sind so zu treffen, dass sie im Rahmen der marktwirtschaftlichen Ordnung gleichzeitig zur Stabilität des Preisniveaus, zu einem Hohen Beschäftigungsstand und außenwirtschaftlichem Gleichgewicht bei stetigem und angemessenem Wirtschaftswachstum beitragen.

Fassen wir zusammen.

Das "Magische Viereck" der Wirtschafts- und Finanzpolitik ist:
1. Stabilität des Preisniveaus
2. Ein hoher Beschäftigungsstand
3. Außenwirtschaftliches Gleichgewicht
4. **Angemessenes Wirtschaftswachstum**

Wie schon die Überschrift des Gesetzes aussagt, soll also angemessenes und stetiges Wirtschaftswachstum die Stabilität gewährleisten. Angemessenes Wirtschaftswachstum. Was verstanden und verstehen unsere "Führer" unter angemessenem Wirtschaftswachstum?

Bei einem Wachstum des BIP von 3 bis 4 Prozent in einem Rechnungsjahr gilt das Ziel des "stetigen und angemessenen Wachstums" als erreicht. (Quelle wikipedia)

3% bis 4% erachten unsere "Weisen" also als angemessenes Wirtschaftswachstum. Klingt eigentlich ganz unverdächtig, sind ja gar nicht so viele Prozente, die uns die Gesetzgeber von damals als anzustrebendes Ziel vorgegeben haben.

Aber was bedeutet diese "harmlose" Vorgabe z.B. für die **Automobilindustrie?**
Beginnen wir unsere Betrachtung im Jahr 2007, in dem in Deutschland ca. 6,2 Millionen Fahrzeuge hergestellt wurden. Und nun wollen wir mal untersuchen, was es bedeutet, wenn die gesetzestreuen Automobilhersteller treu und brav das Gesetz zur Stabilität durch Wachstum anwenden.
Beginnen wir also im Jahr 2007 mit 6,2 Millionen Fahrzeugen, dann folgt:

Jahr	Wachstum/%	Wachstum/Stck.	Produktion
2008	3%	186.000	6.386.000
2009	3%	191.580	6.577.580
2010	3%	197.327	6.774.907
2011	3%	203.247	6.978.154
2012	3%	209.344	7.187.498
2013	3%	215.624	7.403.122
2014	3%	222.093	7.625.215
2015	3%	228.756	7.853.971
2016	3%	235.619	8.089.590
2017	3%	242.687	8.332.277
2018	3%	249.968	8.582.245
2019	3%	257.467	8.839.712
2020	3%	265.191	9.104.903
2021	3%	273.147	9.378.050
2022	3%	281.341	9.659.391
2023	3%	289.781	9.949.172
2024	3%	298.475	10.247.647
2025	3%	307.429	10.555.076
2026	3%	316.652	10.871.728
2027	3%	326.151	11.197.879
2028	3%	335.936	11.533.815

Das bedeutet fast eine **Verdoppelung** der KFZ- Produktion in nur 20 Jahren.

Was bedeuten diese Zahlen für den **Energiebedarf**?

Wenn wir wieder von den 5000 Liter Erdöl ausgehen, die nötig sind, um nach heutigem Stand ein KFZ zu fertigen, dann bedeutet das, dass wir im Jahr 2008 für die KFZ Jahresproduktion ca. 31.930.000.000 Liter oder, um es in Barrel auszudrücken, 200.817.610 Barrel Erdöl benötigen.

Für das Jahr 2028 ergäbe sich dann ein Bedarf von 57.669.075.000 Liter Erdöl oder 362.698.584 Barrel Öl.

Ich sage nicht, dass es so kommt, keine Angst, denn der Crash wird diesen Wahnsinn verhindern, aber ist es nicht interessant, sich ein Gesetz übersetzt ins wahre Leben anzuschauen?

Das nennen also die "Weisen" aus Politik und Wirtschaft "Gesetz zur **Stabilität** und Wachstum. Ich denke, einen solchen Schwachsinn kann man nur in ein Gesetz schreiben, wenn man nicht wirklich über das nachgedacht hat, was man da niederschreibt, **oder jemand die Hand beim schreiben führt, der eigene Interessen verfolgt**.

Schauen wir uns noch ein weiteres Beispiel an.

Fluggastzahlen deutscher Flughäfen:
Das statistische Bundesamt in Wiesbaden meldete im Jahr 2007 163,5 Millionen Passagiere.

Jahr	Wachstum/%	Wachst./Passag.	Passag.
2008	3%	4.905.000	168.405.000
2009	3%	5.052.150	173.457.150
2010	3%	5.203.714	178.660.864
2011	3%	5.359.825	184.020.689
2012	3%	5.520.620	189.541.309
2013	3%	5.686.239	195.227.548
2014	3%	5.856.826	201.084.374
2015	3%	6.032.531	207.116.905
2016	3%	6.213.507	213.330.412
2017	3%	6.399.912	219.730.324
2018	3%	6.591.909	226.322.233
2019	3%	6.789.666	233.111.899
2020	3%	6.993.356	240.105.255
2021	3%	7.203.157	247.308.412
2022	3%	7.419.252	254.727.664
2023	3%	7.641.829	262.369.493
2024	3%	7.871.084	270.240.577
2025	3%	8.107.217	278.347.794
2026	3%	8.350.433	286.698.227
2027	3%	8.600.946	295.299.173
2028	3%	8.858.975	304.158.148

Wenn wir den Energiebedarf für diese Flugreisenden betrachten, dann ergibt sich folgendes Bild.
Ich beziehe mich auf eine Webseite von Robin Wood
http://www.robinwood.de/german/verkehr/fg/Die%20Legende%20vom%203-Liter-Flieger.pdf
in der, wie in vielen anderen Abhandlungen die Menge Kerosin pro Passagier je 100 km von den Fluggesellschaften mit einen durch-schnittlichen Verbrauch von 3Liter/ Passagier/100 km angegeben werden. Robin Wood weist darauf hin, dass diese 3Liter sich auf den absoluten Minimum Verbrauch beziehen, der tatsächliche Verbrauch dagegen wesentlich höher liegt. Weshalb sollten die Fluggesellschaf-

ten die Lage realistisch darstellen? Was unterscheidet die den Finanzinvestoren verpflichteten Manager von Bankern und Politikern? Aber für unsere Zwecke ist es in diesem Fall auch gar nicht so wichtig, ob der Verbrauch jetzt 3Liter, 4,5 oder 8 Liter beträgt. Der Wahnsinn erschließt sich auch, wenn wir den "günstigsten" Fall annehmen.

So verbrauchten die 163,5 Millionen Passagiere im Jahre 2007 um eine Strecke von 100 Km zurückzulegen 490.500.000 Liter Kerosin. Diese Menge an Kerosin wird sich dann bei einer moderaten Wachstumsrate von 3% im Jahre 2028 auf 912.474.444 Liter Kerosin gesteigert haben.

Wer sich mit dem Argument des sinkenden Verbrauchs durch technologischen Fortschritt trösten möchte, dem sei das natürlich gestattet. Nur sollte er nicht vergessen, dass der Durchschnittsverbrauch dann bei ca. 1,5 Liter/Passagier/ 100 km liegen müsste, um den Gesamtverbrauch auf dem Stand von heute zu bringen.

Wir könnten diesen Wahnsinn des Wachstums jetzt noch am Beispiel der Schuhindustrie, Patientenzahlen, Medikamente, Kühlschränke, TV-Geräte, Möbel, Lebensmittel und vieler anderer Objekte untersuchen und könnten dabei den Irrsinn, der hinter diesem Wachstumszwang steckt, mit jedem Produkt noch deutlicher aufzeigen. Aber ich habe die Hoffnung, dass sich jedem der Wahnsinn schon anhand der beiden obigen Beispiele erschließt.

Tod und Krankheit durch Wachstum

Ein Beispiel für die **Wachstumsidiotie**, in der wir heute leben, möchte ich doch noch einfügen. Viele nehmen dieses Problem möglicherweise hauptsächlich als ästhetisches Problem wahr. Aber es ist viel mehr als nur ein ästhetisches Problem, es zeigt das völlige Versagen des menschlichen Zusammenlebens.

Während die Menschen in den Industrienationen zunehmend unter einem sie gesundheitlich immer stärker schädigenden Übergewicht leiden, meldete die BBC im Juni 2009, dass jetzt offiziell über eine Milliarde Menschen hungern und jedes Jahr 8,8 Millionen Menschen an Hunger **elend verrecken**.

Während die Menschen in den Städten der Industrienationen kaum 100 Meter gehen können, wenn sie überhaupt noch selbst gehen, ohne von einem Restaurant, einer Dönerbude, einem MC Donald oder irgend einem anderen "Lebensmitteltempel" zum Dauerverzehr aufgefordert zu werden, verrecken in großen Teilen der Welt jährlich Millionen Menschen an Nahrungsmittelmangel.

Der Schweizer Soziologe **Jean Ziegler** weist in einem Interview in der Thüringer Zeitung OTZ darauf hin.

Zitat: "Der Welternährungsbericht sagt, dass die Weltlandwirtschaft problemlos zwölf Milliarden Menschen ernähren könnte, das Doppelte der Weltbevölkerung. Es gibt keinen objektiven Mangel. Deshalb sage ich: Ein Kind, das jetzt, wo wir reden, an Hunger stirbt, wird ermordet. Ich stelle dem gegenüber das Weltbankenjahrbuch der UNO. Dort steht, dass die 500 größten transkontinentalen Privatkonzerne im vergangenen Jahr 52 Prozent des Weltbruttosozialproduktes kontrolliert haben. Diese Konzerne funktionieren ausschließlich nach dem Profitmaximalisierungsprinzip. Diese Konzerne haben eine Macht, wie sie sie in der Geschichte der Menschheit niemals ein Kaiser oder König oder ein Papst gehabt haben."

Er sagt weiterhin: "Der Wirtschafts- und Sozialrat der UNO hat ermittelt, dass durch die verschiedenen Auswirkungen der Unterentwicklung wie beispielsweise Epidemien, Hunger, verseuchtes Wasser 51 Millionen Menschen im vergangenen Jahr getötet worden sind. Der Zweite Weltkrieg hat in sechs Jahren 56 Millionen Menschenleben gekostet. Hier sehen Sie die Dimensionen. Und deshalb spreche ich von einem wirtschaftlichen Weltkrieg gegen die ärmsten Schichten der Völker des Südens."

Ich stimme ihm in seiner Einschätzung vollständig zu, möchte aber gleichzeitig ergänzen, dass die wahren Machthaber in den Banken und Großkonzernen nicht nur gegen die Völker des Südens Krieg führen.
Diese menschenverachtenden Narzissten führen Krieg gegen jeden, auch gegen ihr eigenes Volk. Sie haben alle Staaten übernommen und beuten jeden mit ihrem Neofaschismus aus. So wie die Menschen des Südens durch gezielte Überschuldung vom Weltnahrungsmittelangebot ferngehalten werden, werden die Menschen in den Industrienationen bewusst verfettet.

Da die Hungernationen sehr häufig mit den Ländern identisch sind, die die für die Industrienationen wichtigen Rohstoffe besitzen, ist es natürlich wichtig, diese Menschen so schwach wie möglich zu halten, um eine mögliche Gegenwehr gegen die Ausbeutung ihrer Ressourcen schon im Keim zu ersticken. Wer nichts zu fressen hat, hat auch keine Chance, sich der Ausbeutung zu erwehren.

Wir im Westen dagegen sind zu hirnlosen Konsumenten degeneriert, die alles, ohne zu hinterfragen, konsumieren sollen.

Und wir tun es.

Ob es genveränderte Lebensmittel, sinnlose, teils völlig überflüssige in Schwellenländern wie China, Indien und Vietnam von Hungerlohnarbeitern hergestellte Konsumgüter sind. Hergestellt aus in Hungerländern dieser Welt gestohlenen Rohstoffen, Hauptsache billig.
Und wir tun es nicht nur, wir definieren uns über den Konsum dieser Güter auf dem Leid und den Gräbern von Millionen. Wir konsumieren alles, was den globalen Unternehmen und Banken durch den Diebstahl an Rohstoffen aus den Entwicklungsländern und der Ausbeutung durch Sklavenarbeit aus den Schwellenländern zu unvorstellbarem Gewinn verhilft.
Wir schaufeln alles in uns hinein, so hirn- und willenlos, dass in den Erstweltländern mittweile über 30% der Bevölkerung an starker Überfettung leidet.
Aber auch das bringt schließlich in vielfältiger Hinsicht Gewinn, denn:

1. frisst dieser fette Mensch die Kalorien weg, die produziert werden und die sich der Mensch in den Entwicklungsländern nicht leisten kann,

2. die in diesem Zusammenhang entstehenden, epidemieartig ansteigenden Krankheiten wie z.B. Diabetes, bringen den Pharmaherstellern einen sicheren, sich rasant ausbreitenden Zukunftsmarkt an chronischen Erkrankungen,

3. der so von der Überversorgung abhängig und krank gemachte Konsument wird allein vom Gedanken, sich gegen diese, ihn zur Konsummüllhalde degenerierenden Unternehmen und Banken zu wehren, in Angstschweiß ausbrechen und diese bösen Gedanken lieber mit einem Hamburger mit Pommes und einem anschließenden Schokoshake vertreiben, um dann mit letzter Energie zu Hause angekommen, sich vom TV seinen Restverstand völlig zerstören zu lassen,

4. der Kunde, der wenigstens dem täglichen Insulin spritzen entgehen und noch in der Lage sein möchte, ohne Aufzug in den 3. Stock eines Hauses zu gelangen, wird nach vorschriftsmäßiger kalorischer Überversorgung für einen teuren Monatsbeitrag diese Kalorien in einem Fitnessstudio entsorgen.

So ist auch hier für stetiges Wachstum gesorgt.

Das große Rätsel
Wer oder was erzeugt Wachstumsdruck?

Liegt also der Wachstumsdruck nun an der Tatsache, dass dieser Wachstumszwang in dem Stabilitäts- und Wachstumsgesetz aus 1967 niedergeschrieben ist?

Oder ist das echter nachgefragter Bedarf?

Es wäre zu schön, wenn es die Schuld des Stabilitätsgesetzes wäre, denn dann bräuchten wir nur dieses Gesetz zu kippen und wir wären vom Wachstumszwang befreit. Aber so einfach ist es leider nicht. Stellen Sie sich bitte einmal vor, wie der Werbeterror in den Industrienationen z.B. im Jahr 2028 aussehen wird, um die dann verdoppelte Produktion zu verkaufen, und sie können sich die Frage nach echter Nachfrage selbst beantworten.

Wie kann man aber eine Gesellschaft zu Wachstum per Gesetz verpflichten?

Man kann, wenn man einen " wichtigen" Grund hat.

Das Wachstumsgesetz war nur die Reaktion der Gesetzgeber auf den tatsächlich vorhandenen Wachstumsdruck. Denn die damals Zuständigen haben sehr wohl gemerkt, dass ohne Wachstum keine „Stabilität" zu erreichen war. Aber auch sie gehörten zu den Verantwortlichen, die nicht den Grund für diesen Wachstumszwang erkannt und beseitigt haben, sondern nur dem Zwang hinterherlaufend versucht haben, die negativen Folgen zu mindern oder zu verhindern.
So war auch damals, als sie das Gesetz formulierten, der Wachstumsdruck schon da. So können wir also festhalten, dass der Zwang zum Wachstum aus einer anderen Ecke kommen muss.

Was ist es aber, das den Wachstumszwang erzeugt?

Nehmen wir Deutschland, eine der großen Industrienationen, als Beispiel. In Deutschland wächst die Bevölkerungszahl nicht, sie sinkt sogar. Es wird als eines der reichsten Länder der Erde bezeichnet, da so ziemlich jeder gut bis überversorgt mit Konsumgütern ist. Da der Wachstumsdruck trotzdem nicht verschwindet, muss es einen anderen Grund für diesen Wachstumszwang geben, als den tatsächlichen Bedarf an Gütern.

Und diesen Grund gibt es.

Es ist das eine Detail, das so unscheinbar und selbstverständlich von uns allen gekannt, vor uns "öffentlich versteckt" wird.

Das Detail, das Großmächte aufbaut und stürzt.

Das Detail, mit dem relativ wenige Menschen eine ganze Weltbevölkerung steuern, ausbeuten, bis hin zur völligen Versklavung beherrschen.

Es ist dieses winzige Detail, weswegen sich Kriege lohnen, für das Millionen und Abermillionen Menschen ihr Leben gelassen haben.

Das Detail, dem die meisten Menschen hinterherlaufen und nicht begreifen, dass sie mit jedem %, das sie mehr davon bekommen, ihre eigene Enteignung betreiben.

Es ist das Detail, dem wir die Ausbeutung aller Ressourcen unserer Erde bis zur Erschöpfung "zu verdanken" haben, das Detail, das Schuld trägt an unseren leer gefischten Ozeanen.

Mit welchem Detail können Einige eine solche Macht über so viele Menschen ausüben?

Was ist es, auf das alle diese Vorwürfe zutreffen?

Es ist der **ZINS**

„Da ist etwas hinter dem Thron, das größer als der König ist"
Sir William Pitt
House of Lords
1770

Wie kann der Zins für all die ihm von mir vorgeworfenen Übel verantwortlich sein, wo doch jeder weiß, dass ein hoher Zins, den er als Sparer bekommt, ihm hilft, die Auswirkungen der Inflation zu mildern und sein Erspartes vor dem Kaufkraftverfall schützt und das ihm ohne diesen Zins von seinen Ersparnissen im Laufe der Zeit immer weniger übrig bleibt?

Wie kann der Zins für Kriege und den Tod von Millionen Menschen verantwortlich sein, wenn wir doch alle wissen, dass Kriege aus religiösen Gründen oder wegen verrückter Diktatoren ausbrechen?

Wie kann der Zins Staaten zu Größe führen und dann wieder stürzen, wenn wir doch genau wissen, dass Staaten nur wegen des Fleißes ihrer Bevölkerung zu Größe gelangen und irgendwann aus politischen Fehlern zusammenbrechen?

Wie kann der Zins für die totale Ausbeutung der Rohstoffe und der Ausrottung vieler Tierarten verantwortlich sein, wenn wir doch ganz genau wissen, dass es nur die böse menschliche Natur ist, die für diese Verbrechen an unserer Umwelt und den verantwortungslosen Umgang mit unseren Ressourcen verantwortlich ist?

Und wie kann eine verhältnismäßig kleine Gruppe Menschen mit dem Zins die gesamte Menschheit unterdrücken und versklaven, wo wir doch genau wissen, dass nur die politischen Unrechtssysteme, in denen böse Diktatoren und gott- und religionslose Atheisten die Menschen versklaven und unterwerfen und die freie kapitalistische Welt, Gott und die Religionen, die Befreiung von Unterdrückung bringen?

Das alles wissen wir genau.

Oder glauben wir nur, das alles genau zu wissen?

Bei genauerer Betrachtung dieser "Wahrheiten" werden wir herausfinden, dass wir in allen Punkten einer fast perfekten Propaganda eben dieser Gruppe aufgesessen sind, die für jedes ihrer Verbrechen, das sie mit ihrer Waffe, dem Zins, begangen hat, stets den richtigen Sündenbock parat hatte. Wer eine solch lange Erfahrung wie diese Gruppe im Täuschen, Lügen und Betrügen hat, der beherrscht den Betrug perfekt.

Welche Gruppe Menschen kann so genial, aber auch so bösartig sein, dass sie eine Waffe entwickelt hat, die sie in aller Öffentlichkeit vor unseren Augen versteckt und uns alle davon abhängig machen kann?

Welcher Gruppe gelingt es, dass die mit dieser Waffe Unterdrückten und Versklavten auch noch um das "Privileg" kämpfen, in der Unterdrückung und Versklavung bleiben zu dürfen?

Es ist die Gruppe der Menschen, die alten, sehr respektierten Familiendynastien und Berufsgruppen entstammen, die Zeit hatten, über Jahrhunderte ihre Machtposition zu festigen und ihre Arbeitsmethoden immer weiter zu verfeinern. Die die Machtposition weltlich gefestigt hat, die die Kirche in Europa und dann als Export in die ganze Welt begründet hatte.

Die Kirche hat mit der brutalen Unterdrückung der Menschen unter eine menschenverachtende Hierarchie, und der Niederwerfung jeglichen Freiheitsgedanken die Machtstrukturen geschaffen, auf die diese Gruppe ihre weltliche Macht aufgebaut hat.

Ich spreche von den **mächtigen Bankerfamilien**, die mit dem Federal Reserve Act vom 23. Dezember 1913 den letzten Schritt zur Herrschaft über die gesamte Menschheit getan haben.

Um es auf den Punkt zu bringen, möchte ich dazu ein Zitat aus einer Hollywoodkomödie von 1991 benutzen. In diesem Film spielt Sylvester Stallone einen Gangster, der ehrenwert werden und dazu mit seinem geraubten Geld in eine Familienbank einsteigen möchte. Als ihn seine "rechte Hand" darauf aufmerksam macht, dass der Vertrag, den er als stiller Teilhaber unterschreiben soll, ihn in "legaler" Weise um sein Geld betrügen soll, bricht er die Verhandlungen mit den Worten ab: "Ihr kommt in mein Haus, mit euren Verträgen und eurem Kleingedruckten und versucht mich um meine "Mäuse" zu betrügen. Verflucht, ich bin es gewohnt mit Schnapsschmugglern, Gangstern und Killern zu verhandeln, aber ihr Banker, ihr macht mir Angst."

Diese privaten Bankdynastien haben sich am 23. Dezember 1913 das Monopol über Ausgabe des Dollar und damit die Steuerung der Geldmenge und die Festlegung der **ZINSEN** gesichert. Da der Dollar, die sogenannte Reserve Währung der Welt ist, also die Währung, der die gesamte Welt vertraut und ihr verpflichtet ist, haben diese Banker sich faktisch das Monopol über das gesamte Geld der Welt an diesem Tag gesichert. Und damit den größten Raub der Geschichte an den Bürgern der USA und der gesamten Welt legalisiert und in Gang gesetzt.

Um sich über die Hintergründe der FED genau zu informieren, empfehle ich die Lektüre des Buches, "Die Kreatur von Jekyll Island", in dem G. Edward Griffith die Machenschaften und Hintergründe der FED hervorragend beschreibt.

Die gelplatzte Subprimeblase der USA

Auf der Ursachensuche, weshalb wir im Dezember 2007 das Platzen der sogenannten Subprime-Immobilienblase als Auslöser für die anschließende Finanzkrise erlebten, haben sich mittlerweile zwei große Lager formiert, die vorgeben, den Schuldigen für diese Krise ausgemacht zu haben.

Die eine Gruppe behauptet nun, es sei der zu lange zu niedrig gehaltene Zins, der zu der Immobilienblase geführt habe.

Zu dieser Gruppe zählen sich so prominente Verfechter der Austrian School of Economics, wie der mehrfache US-Präsidentschaftskandidat Ron Paul, sein sich jetzt um einen Sitz im US- Senat bewerbender Sohn Rand Paul, Peter Schiff, Inhaber einer Investmentfirma, Max Keiser TV Radio- Moderator und ehemaliger Wall Street Broker, Thomas Woods, amerikanischer Historiker und Anhänger eben dieser Österreichischen Wirtschaftstheorie und viele mehr, die der Meinung sind, in zu niedrigen Zinsen die Wurzel allen Übels erkannt zu haben.

Nach ihrer Vorstellung reicht es, wenn sich der Zins frei im Markt bildet und damit sei dann jede Fehlentwicklung auszuschließen, denn wenn der Zins sich im Markt bildet, werden nur Investitionen getätigt, die Sinn machen und zum Erfolg führen.

Ich reduziere ihre Aussagen bewusst auf den Kern, aber das ist im Großen und Ganzen die Denkweise der "Free Market ´"Capitalist". Wenn Sie sich intensiver mit den Aussagen der Angesprochenen auseinandersetzen wollen, werden Sie im Internet reichlich Material für Ihre Recherche finden.

Das Fatale an der Theorie mit den nicht marktgerechten Zinsen ist, dass diese Theorie, wenn man sich die geplatzten Blasen der neueren Vergangenheit anschaut, glaubhaft klingt. Aber das ist genau das Problem, denn auch diese Gruppe nimmt den Zins als unverzichtbar an. Nicht nur das, sie geht von der Theorie aus, dass, je näher der Zins gegen Null geht, umso mehr Fehlentwicklungen entstehen, die dann zu Blasenbildung und anschließend zum Platzen dieser Blasen führen.

Und genau hier liegt der versteckte und fatale Fehler, den die Befürworter von hohen Zinsen begehen. Sie übersehen die Tatsache, dass Zins **immer** zu Blasenbildung und zum Platzen von Blasen führt.

Egal ob hoher oder niedriger Zins, die Zinshöhe beeinflusst nur die Zeit zwischen diesen Ereignissen.

Ein System, in dem Geld als Schuldgeld mit Zins vorhanden ist, ist immer und ausschließlich zur Kapitalkonzentration von der großen Masse zu einer kleinen Gruppe (den Bankern), und damit zur Überschuldung und am Ende des Zyklus zur Enteignung der großen Masse konzipiert.

Die Kernaussage der "Marktradikalen" ist also: **Der Markt wird's richten**.

Der Markt kann es in vielen Dingen richten, sogar wesentlich besser, als eine dirigistische Planwirtschaft, aber nicht beim Zins, denn der Zins schafft, egal ob hoch oder niedrig immer eine Kapitalkonzentration von Schuldnern zu Gläubigern, und das Ergebnis ist immer ein Finanzinfarkt, einzig die Dauer bis zur Überschuldung der Schuldner ist bei hohen Zinsen kürzer als bei niedrigen Zinsen.

Es spielt auch keine Rolle, ob ein System wie Kapitalismus oder Kommunismus über das Schuldgeldsystem gestülpt wird, das Ergebnis, dass der Zins unausweichlich herbeiführt, ist immer der Zusammenbruch des Systems. Weshalb das so ist, erschließt sich, wenn wir uns das Schuldgeldsystem genauer anhand eines fiktiven, kleinen, überschaubaren Musterstaates von Tag1 seines Eintritts in das Schuldgeldsystem bis zum unvermeidlichen Zusammenbruch anschauen.

So hat die Gruppe der Anhänger der "Österreichischen Schule", die als Schlüssel für die wirtschaftlichen Probleme unserer Welt den Zins zumindest schon einmal ausgemacht hat, den Kern des Problems doch verfehlt.

Nicht ein zu niedriger Zins ist unser aller Problem, sondern der Zins an sich.

Auf der anderen Seite steht das Establishment, angeführt von der alles bestimmenden US- Notenbank FED und ihrem Vorsitzenden Ben Bernanke, der die "Niedrigzinsfraktion" anführt und vorgibt, die wirtschaftliche Depression, in der wir uns befinden, mit niedrigen Zinsen zu überwinden. Für diese Fraktion sind Schulden das generelle Allheilmittel und die Grundlage ihrer Finanzpolitik. So hangeln sich die verantwortlichen Banker und ihre Angestellten, die Politiker, von Blase zu immer größerer Blase.

Einer der prominenten Sprecher dieses Establishments ist der Princeton Professor für Volkswirtschaftslehre, Paul Krugman, der in einem Interview auf CNBC erklärte, dass er eine neue Runde an staatlicher Wirtschaftshilfe für unumgänglich hält. Auf die Frage der Moderatorin, womit er seine Forderung begründe und wie groß diese Hilfe ausfallen solle, antwortete er;" Alle ökonomischen Daten zeigen die Notwendigkeit für eine neue Geldspritze, und diese sollte mindestens so groß wie die erste Injektion ausfallen (ca. $800 Mrd.), denn **die wirtschaftliche Situation ist jetzt schlechter als vorher."**

Wow, was war das?

Er schätzt die ökonomische Situation schlechter ein als sie vor den vielen Milliarden in den Markt gepumpten Dollar war, und verlangt genau deshalb noch mehr der Medizin, die den Zustand des Patienten verschlechtert hat. Aber er hält in diesem Interview noch ein weiteres Bonbon für uns bereit. Die Moderatorin gibt ihm ein Beispiel für Verschwendung der staatlichen Mittel in ihrem Heimatbezirk von New Hempshire, wo sie beobachten konnte, wie alle Straßen, die meisten in gutem Zustand, dort auf einmal geteert wurden, und sie der Meinung war, dass dieses Geld sinnvoller hätte verwendet werden können.

Und jetzt die Antwort des **Professors für Volkswirtschaft und Wirtschaftsnobelpreisträgers 2008:**

"Der Punkt ist, dass wir im Moment Massenarbeitslosigkeit haben, und wenn sie jetzt 100.000 Amerikanern eine Arbeit geben und wenn es nur Löcher graben ist, ist es ja nicht so, dass sie diese 100.000 Menschen irgendwo abziehen wo sie etwas Sinnvolles machen. Sie geben ihnen Arbeit, wo sie sonst nichts getan hätten. Hier sind die **normalen** Kriterien Geld auszugeben, wo man sehr vorsichtig die Ausgabe überlegt und dann versucht, etwas Sinnvolles damit zu tun, in Zeiten von Massenarbeitslosigkeit **nicht angebracht.**"

Diese Aussage hätte Adolf Hitler alle Ehre gemacht, denn anscheinend ist der letzte Ausweg immer wieder der berühmte Autobahnbau.

Ist dieser Mann ein Idiot, oder verkündet er seine Botschaften in vollem Bewusstsein und mit voller Absicht?

Paul Krugman ist kein Idiot, er ist nur Teil der Propaganda, die den Raub an der Bevölkerung vorantreiben und wissenschaftlich begründen soll. Denn weitere 800 Milliarden sind weitere zusätzliche Einkommen für die Banker, und ein weiterer Versuch der Wiederaufblähung der geplatzten Subprime Blase.
Weshalb sollte das Bankenestablishment ihre erfolgreiche Strategie auch ändern. Sie können sich auf diesen, sie immer reicher machenden Mechanismus vollkommen verlassen.

Die FED erzeugt die Blasen, Staaten und damit die steuerzahlenden Bürger zahlen dann die geplatzten Blasen.

Funktioniert doch hervorragend.

Das Platzen der vorerst letzten Blase, der Immobilienblase, und die intensive Beschäftigung mit den Gründen der immer wiederkehrenden wirtschaftlichen Katastrophen, zeigt erst einmal, dass die Fraktion der Hochzinser, also die Anhänger der Austrian School, das System, das die Banker ausschließlich zu ihrem Nutzen konzipiert haben, nicht begriffen haben. Denn ihr Vorschlag die Zinsen stark zu erhöhen um damit eine Konsolidierung der Wirtschaft zu erreichen, würde den Bankern nur schneller noch mehr Geld in ihre mittlerweile übervollen Tresore spülen und zu einem beschleunigten Kollaps führen. Der Grund, weshalb die Banker die Zinsen zur Zeit nahe Null % halten, ist nicht eine neu entdeckte soziale Ader oder die Übernahme meiner Erkenntnis, dass der Zins das Gesamtsystem zerstört. Ganz im Gegenteil, der Grund ist, den Raub an der Weltbevölkerung noch weiter führen zu können. Denn wenn die Notenbanker auf den Rat der

Hochzinsanhänger hören und die Zinsen wieder auf die "üblichen" 5-6% anheben würden, dann würden die Zahlungsausfälle bei Staaten, Unternehmen und privaten Haushalte innerhalb kürzester Zeit gigantisch anschwellen, und der Weltkollaps wäre hier. Also halten sie die Zinsen für neue Schulden so gering wie möglich, um den Schuldnern, also den Steuerzahlern der Welt, die Bezahlung der Zinsen auf Altschulden zu ermöglichen.

Sind sie nicht richtig nett unser Banker?

Und da liegt der große Irrtum der Kritiker des Establishments und Anhänger hoher Zinsen, denn das System, genauer gesagt das **SCHULDGELDSYSTEM MIT ZINS** selbst ist das Problem, nicht der richtige oder falsche Umgang damit.

Subprime für die ganze Welt-
Finanzterror Made in USA

Nicht die niedrigen Zinsen haben dazu geführt, dass in den Jahren vor 2007 die Immobilienblase entstehen konnte, sondern die völlig von jeder Grundlage der Vernunft und den Gesetzen losgelöste Geldvergabe der Hypothekenbanken und Vermittler.

Die Banken und Vermittler haben den Menschen die Hypotheken förmlich aufgedrängt, und nicht nur das, heute wird immer deutlicher, dass Hunderttausende dieser Hypotheken unter betrügerischen Umständen vergeben wurden. Dass es den Kreditgebern egal war, ob die Hypotheken, die sie vergaben jemals zurückgezahlt werden oder nicht, wäre eine Verharmlosung der Tatsachen.

Es wurden Hypotheken an Menschen vergeben, die keinen Job und kein Einkommen hatten, Menschen, deren Einkommen nicht einmal annähernd ausreichte um die Finanzierung über die gesamte Laufzeit aufrecht zu erhalten. Um die Menschen mit zu wenig Einkommen in diesen Betrug zu locken, wurden Hypotheken mit sogenannten „Teaser Raten" vereinbart.

Die Hypothekengeber haben mit extrem niedrigen Anfangsraten diese Menschen in Hypotheken gelockt, von denen von Anfang an klar war, dass, wenn die Zinszahlungen auf das vereinbarte "richtige" Niveau steigen würde, diese Hypothekennehmer garantiert zahlungsunfähig werden.

Diese Praxis der Hypothekenvergabe war ein **terroristischer Angriff** auf die gesamte Menschheit.

Es war ein organisierter Betrug von organisierten Verbrechern, die in vollem Bewusstsein gehandelt haben. Denn sie waren sich im Klaren darüber, dass sie die völlig verantwortungslos vergebenen Hypotheken, die sie in sogenannte Finanzprodukte umwandelten, in die ganze Welt verkaufen würden und somit der Gewinn bei ihnen bliebe und der "Schwarze Peter" sowohl den Hypothekennehmern als auch den weltweiten Käufern dieser sogenannten Finanzprodukte zufiel.

Heute wissen wir, dass die großen Wall Street Banken nicht nur am Verkauf dieser teilweise wertlosen Papiere verdient haben, sondern auch noch dagegen gewettet haben. Sie haben darauf gewettet, dass die Hypotheken, die sie der gesamten Welt als ausgezeichnete Anlagen verkauft haben, platzen. Und nicht nur als Absicherung (CDS die mittlerweile überall bekannten Credit Default Swaps), sagen wir für eine $300.000 Hypothek dieselbe Summe dagegengesetzt haben, sondern ein Vielfaches davon.

In manchen Fällen haben diese Betrügerbanken, die natürlich genau wussten, dass die von ihnen selbst auf betrügerische Art und Weise vergebenen Junkhypotheken zum Scheitern verurteilt waren, bis zu 30 Absicherungsgeschäfte auf diese eine $300.000 Hypothek abgeschlossen.

Rechnen Sie selbst, $300.000 pro Absicherungsgeschäft mal 30 auf diese eine Hypothek ergibt für die großen Betrügerbanken wie Goldman Sachs eine Auszahlsumme von $9 Millionen, wenn diese Hypothek platzt.

Und der amerikanische Staat hatte bei diesem Betrug die Federführung.

Die beiden "halbstaatlichen" Unternehmen Fannie Mae (The Federal National Mortgage Assoziation) und Freddie Mac (Federal Home Loan Mortgage Corporation) haben für Billionen Dollar die Garantie übernommen, ohne die die privaten Hypothekenbanken niemals diese von vornherein gefährdeten Hypotheken hätten vergeben können. Fannie Mae und Freddie Mac haben mit staatlicher Hilfe die Entstehung der Hypothekenblase und den Betrug an den Anlegern der ganzen Welt erst möglich gemacht. Fannie Mae und Freddie Mac wurden zu dem Zweck gegründet, dass sich auch die den "Amerikanischen Traum" von einem Haus erfüllen können, die aus eigener Kraft z.B. die notwendige Anzahlung für ein Haus nicht aufbringen konnten.

Wie sagte ein US- Kabarettist so zutreffend: " Ein Traum funktioniert nur solange, solange man schläft."

Bezeichnend ist, dass Fannie Mae 1938 gegründet wurde, um mitten in der Great Depression die Kredit- und Hypothekenvergabe beschleunigen zu können, um mit dem Hypothekenmarkt die geplatzte Blase des Oktobers 1929 wieder aufzublasen. Im Jahre 2008 selbst pleite, wurden die beiden Unternehmen, die zwischenzeitlich mit staatlicher Garantie versehen privatisiert waren, wieder vollständig vom Staat übernommen. So schließt sich ein Kreis nach dem Platzen der größten jemals erzeugten Finanzblase.

Aber wer jetzt die Hoffnung hat, dass nach dem Platzen dieser Blase eine Gesundung der weltweiten Finanz- und Wirtschaftssysteme erfolgt, den muss ich leider bitter enttäuschen.

Denn jetzt stehen wir vor dem Platzen der ultimativen Blase!

Gegen diese Blase verhält sich die Hypothekenblase wie die Initialzündung bei einer Atombombenexplosion. Denn jetzt platzt der Dollar selbst und damit das gesamte Weltgeldsystem. Aber davon später.

Diese von den US- Bewertungsagenturen als sicher und mit den höchsten Bewertungen versehenen "Finanzprodukte" waren in Wirklichkeit finanztechnische Zeitbomben.

UND DAS WUSSTEN ALLE AN DIESER TERRORAKTION DER USA BETEILIGTEN.

Denn auch die Ratingagenturen, wie Moody´s oder Standard & Poor´s, waren aktiver Teil der Verschwörung. Diese „Experten" waren durch die Wall Street beauftragt die Papiere zu bewerten und das taten sie auch. Natürlich im Sinne der Auftraggeber. Sie versahen diese Junkpapiere mit den Gütesiegeln, die die Anleger in der ganzen Welt in die Falle lockten diesen Müll zu kaufen.

Was war der Grund für diese Verschwörung?

Der Grund für diese Verschwörung war, dass der Finanzbetrug an der gesamten Welt das letzte Mittel war, den unausweichlichen Finanzkollaps der USA in die Welt hinaus zu exportieren, um ihn noch um einige Jahre hinauszuschieben. Denn die Welt, unter Federführung der USA, hangelt sich nur noch von Blase zu noch größerer Blase.

Da die USA seit vielen Jahren selbst keine Produkte mehr produzierte, mit denen sie am Welthandel teilnehmen konnte und die Illusion einer reichen Nation sofort in sich zusammengebrochen wäre, wenn die Welt dieses erkannt hätte, brauchte die USA ein "Handelsgut", dass sie der ganzen Welt schmackhaft machen konnte. Sie brauchte ein „Exportprodukt", um ihren eigenen unausweichlichen Zusammenbruch auf die Schultern der gesamten Welt zu verteilen und ihre Hollywood gleiche Rolle als Supermacht weiter spielen zu können.

Indem die Verantwortlichen in den USA mit dem Erzeugen einer Immobilienblase die Menschen in den USA in die Illusion geführt hatten, der rasante Anstieg der Hauspreise wäre ein echter Anstieg ihres Hauswertes, haben die Hausbesitzer ihre immer "teurer" werdenden Häuser dazu benutzt, sich immer höher zu verschulden. Für diesen "Mehrwert" haben sie dann wie süchtig alles an Konsumgütern in der Welt zusammengekauft, was die Illusion vom unendlich steigenden Reichtum des "großartigsten Landes" auf Erden aufrecht erhalten sollte.

Aber die USA musste der Welt ebenfalls etwas zum Kauf anbieten. Ihr stetiges und wachsendes Handelsbilanzdefizit machte langsam die aufmerksamen Beobachter nervös.

Die Exportnationen, die von dieser Schuldenlüge der USA profitiert und Angst vor einem Erlahmen der Konsumlokomotive USA hatten, griffen nur allzu gerne bei diesen als sicher klassifizierten "Finanzprodukten" und bei den US- Staatsschuldverschreibungen zu. Denn auch der US-Staat galt nach wie vor als sicherer Schuldner und der Dollar als sicherer Hafen.

Japan, Deutschland, China und andere Exportnationen glaubten nur zu gerne an dieses Märchen vom niemals endenden Wachstum der USA und dem sich daraus ergebendem eigenen endlosen Wachstum und Wohlstand. So kauften sie die "Finanzprodukte" und Schuldentitel der USA treu, brav und willig, um das Rad des „Wohlstands" immer weiter am Laufen zu halten. Das Problem war nur, dass das Rad des "Wohlstands" sich nur solange drehen konnte, solange die Hauspreise in den USA stiegen, und das konnte nur funktionieren, solange immer neue Kunden Häuser erwarben und immer neue Schulden gemacht werden konnten, die den Preis der Häuser nach oben trieben. Mit diesen steigenden Hauspreisen nahmen dann die Hausbesitzer weitere Hypotheken auf, mit denen sie dann Autos, TV-Geräte,

Handys, PCs und andere "notwendige" Konsumgüter finanzierten.

Da die Hauspreise über einige Jahre stiegen, haben viele auch richtig zugegriffen und ihre Hypotheken mehrmals erhöht. So haben diese Menschen geglaubt, eine immerwährende Einkommensquelle erschlossen zu haben. Und sie haben dieser Illusion nur zu gerne geglaubt, denn während die Reallöhne in den USA in den letzten 10 Jahren stagniert oder sogar gesunken sind, haben sie diese rasante "Einkommenssteigerung" nur zu gerne akzeptiert. Sie hatten damit den ultimativen Menschheitstraum Wirklichkeit werden lassen:

automatisches Einkommen, ohne etwas dafür tun zu müssen.

Wow, diese Cleverlinge haben den Weg gefunden, das System auszutricksen. Einkommen ohne Arbeit, wie "clever" !

Wenn ihnen das bekannt vorkommt, dann liegen Sie richtig, so funktionieren alle **Schneeballsysteme**. Es war nichts anderes als ein Kettenbrief, und wenn die Kette einmal zerreißt, bricht das gesamte Lügengebäude in sich zusammen.

Die Zuführung neuer Hypothekenkunden auf Druck der Wall Street Banken, die immer mehr dieser wertlosen Hypotheken brauchten, um sie in die ganze Welt hinaus zu verkaufen, nahm teilweise kuriose Züge an. Ob es Hauskäufer waren, die gar keinen Job hatten, oder Kunden, die über ein viel zu geringes Einkommen verfügten, oder Kunden, die die Hypothekenverträge nicht verstanden, spielte wie schon erwähnt, keine Rolle. Wer sich nicht schnell genug auf einen Baum retten konnte, wurde zum Hauskauf verhaftet. Aber auch wir, die Exportnationen, haben mit dem Verkauf der von den US-Amerikanern mit dieser Schuldenorgie erworbenen Güter voll auf dieses Schneeballsystem gesetzt.

Mit diesem Schneeballsystem erreichte man in den USA **vier Ziele**:

1. Man konnte durch die immer stärker steigende Geldmenge ein Wachstum generieren, das aus nicht viel mehr als aus Konsum bestand. Damit sind die USA die Erfinder des "Kauf dich reich".

2. Dieses zusätzlich geschaffene Geld führte wieder zu höheren Steuereinnahmen, die die prozentuale Neuverschuldung im Verhältnis zum Bruttosozialprodukt der USA nicht ausufern ließ. Was natürlich sehr hilfreich war, die Tatsache, dass Wohlstand ohne Arbeit nicht möglich ist, vor der Welt zu verschleiern. Denn wer immer "reicher" wird, kann sich natürlich auch immer mehr leisten. Leuchtet doch ein, oder?

3. Mit dem Verkauf der wertlosen "Finanzprodukte" exportierte man die Hyperinflation, die man in den USA erzeugte und die sofort sichtbar geworden wäre, wenn man die Dollar nicht aus dem Land bekommen hätte. Wer nichts erzeugt und nur Geld druckt, erzeugt nichts, außer einer Entwertung des Geldes und damit Hyperinflation. Mit dem Tausch wertlose durch nichts gedeckte Dollar gegen echte Güter konnten die USA ihrer Bevölkerung und der Welt vormachen, dass sie immer noch die reiche Supermacht und alles in Ordnung sei.

4. Das wichtigste Ziel war, die Banker verdienten sich dumm und dämlich. Ob London, New York, Paris, Frankfurt oder Reykjavík, die Banker feierten sich selbst und ihre explodierenden Boni, und nur noch der Himmel schien das Limit zu sein.

WAR ER ABER NICHT.

Im Rausch der privaten Verschuldungsorgie machten natürlich die Staaten fleißig mit. Denn wenn die Verschuldung der privaten Haushalte ins Stocken gerät, haben die Banken in den Staaten ihr zweites Standbein um die Verschuldung der Menschen weiter voran zu treiben. Und da waren ja auch noch die "klugen Wirtschaftsexperten", die die Politik und die Öffentlichkeit damit beruhigten, dass, wenn die jährliche staatliche Neuverschuldung nicht über 3-4% des BIP (Brutto-Inland- Produkt) steigen würde, der Tanz ewig so weiter gehen könne.

Private und Staatsschuldensteigerungen kannten kein Halten mehr, weshalb auch, denn alle wurden ja trotz steigender Verschuldung, oder sollen wir besser sagen, **gerade wegen der stetig steigenden Verschuldung**, immer "reicher". Dieses doppelte Kartenhaus musste letztendlich über den Köpfen der Menschen zusammenbrechen.

Das Schneeballsystem Hauspreisverteuerung musste enden und die damit verbundene stetige Einkommenssteigerung durch Schuldensteigerung zum Stillstand kommen. Am Ende bleibt bei einem solchen Betrug dann nur noch eines übrig, Sie vermuten schon richtig, und zwar ein gigantischer, nicht mehr zu bezahlender Berg an Schulden.

So wie keiner begreifen wollte, dass die Hauspreise nicht ewig steigen konnten, und der weltweite Konsum, der durch dieses Schneeballsystem befeuert wurde, damit ebenfalls in sich zusammenbrechen musste, so wollte niemand begreifen, **dass bei einer Steigerungsrate von 4% die Schulden sich alle 18 Jahre verdoppeln.**

Das heißt, dass jeder Staat bei einer "moderaten" Neuverschuldung alle 18 Jahre so viel neue Schulden angehäuft hat, wie zuvor in seiner gesamten Geschichte.

Das ist also die viel beschworene Stabilität?

Und nach dem Ende des Schneeballsystems "Konsum durch Hauspreis Steigerung" gab es nur noch einen der vorgab, das System mit noch mehr Schulden wieder reparieren zu können.

Der Staat

Sollten Sie sich vor Turban tragenden bärtigen Männern in afghanischen Höhlen fürchten, dann fürchten Sie sich vor den falschen Terroristen. Sie sollten sich langsam darüber bewusst werden, dass die echten Terroristen, die die Welt in Armut, Elend und Tod stürzen in Washington, an der Wall Street, im Pentagon, in Kanzleramt in Berlin, in der EZB, der Japanischen Notenbank sitzen und zur Ablenkung ihres Raubzuges durch die Welt Ihnen einen Ablenkungsfeind präsentieren, den sie selbst geschaffen haben.

„L´état c´est moi- Der Staat bin ich!"
Oder doch wir?

Also, witziger Weise exakt die Menschen, die unter der Last der privaten Schulden zusammengebrochen waren, sollten jetzt zur Rettung des Systems herangezogen werden. Interessant ist in diesem Zusammenhang die Tatsache, dass die Menschen auch hier in Deutschland fordern, dass "DER STAAT" helfen muss. So wie in den USA und in vielen anderen Ländern sind auch die meisten Menschen in Deutschland der Meinung, **der Staat sei ein übergeordnetes Gebilde**, dass sie zwar aussaugt, ihnen mit Gesetzen und Verordnungen das Leben erschwert, aber ansonsten wenig bis nichts mit ihnen zu tun hat. Die Mehrheit kommt nicht auf die Idee, dass sie selbst genau der Staat sind, den sie im "normalen" Leben als Last empfinden und in Zeiten der Krise als den Retter vor dem Untergang erhoffen. Die große Mehrheit empfindet auch die "Pro Kopf Staatsschulden" von knapp € 22.000.- nicht als persönliche Schulden und erkennt daher auch nicht den Zusammenhang zwischen Schuldensteigerung und Steuer- und Abgabensteigerung.

Wenn diese Menschen dann nach "**dem Staat**" als Helfer rufen, glauben sie wirklich unter völliger Verkennung der Wirklichkeit, dass es da draußen ein Gebilde gibt, das ihnen in Zeiten der Krise zur Seite springt. So abgrundtief sitzt die Verdummung der "modernen, aufgeklärten" Bevölkerung, und nicht nur bei uns. Man kann diese Realitätsverkennung kaum besser sichtbar machen, als mit dem Ausdruck des "**Vater Staat**".

An dieser Stelle scheint es mir auch angebracht zu sein, den Kultusbehörden für eine systematische Staatspropaganda und Verblödung unserer Kinder zu "danken". Diese Propaganda und systematische Verblödung der nachkommenden Generationen ist sehr hilfreich, die Wirklichkeit des Betruges am Volk durch die Banker mit Hilfe des zinsgebundenen Schuldgeldes zu vertuschen. Die Wahrheit wird durch das Staatsorgan Schule den Schulkindern bewusst vorenthalten, um damit ihren Weg zum Arbeitssklaven zu garantieren. Eine mindestens gleich große Leistung vollbringen unsere Schulbehörden auch in der Vertuschung der zweiten wichtigen Säule bei der Versklavung der Bevölkerung, der **PARLAMENTARISCHEN DIKTATUR**.

Diese zweite Säule ist deshalb so wichtig, weil ohne die parlamentarische Diktatur das Volk niemals so wirksam von den für die Ausbeutung wichtigen Entscheidungen ferngehalten werden könnten. Denn in einer Demokratie bestünde die große Gefahr, dass die Stimme von Max Mustermann dasselbe Gewicht hat wie die Stimme eines Bankvorstandes.

In Deutschland ist in diesem antidemokratischen Zusammenhang natürlich der Vorstand der Deutschen Bank zu allererst zu nennen. Wenn Josef Ackermann aus seinem Kurzwahlspeicher die Nummer Angela Merkels wählt, dann hebelt er mit diesem Anruf die Stimmen aller Deutschen Wähler aus. Und dabei sind die Namen sowohl der Politiker als auch der Banker völlig austauschbar. Es ist das System der parlamentarischen Diktatur, dass diese Möglichkeit schafft. Ob Deutschland, die USA, Italien, England oder sonst wo, ich könnte die Liste ewig weiterführen.

ES GIBT KEINE DEMOKRATIE AUF DIESER WELT. Denn eine echte Demokratie stünde dem Raub der Banker an den Menschen unüberwindbar im Wege.

Eine echte Demokratie mit vollständiger Aufklärung schon in den Schulen, wäre für die sich selbst so nennenden Eliten eine Katastrophe. Aber solange die Angst der Menschen vor Selbstverantwortung und Freiheit von den sie beherrschenden Eliten geschürt wird, sind diese Massen ausbeutbar.

Teile und herrsche und halte die Menschen von der wichtigen Information fern. So "funktionieren" unsere parlamentarischen Diktaturen rund um den Globus.

Ist also der Staat in der Lage das System zu retten?

Ist es möglich, dass die parlamentarischen Diktatoren mit zusätzlichen Schulden, die sie im Namen der Bürger machen, das System "retten"?

Schauen wir uns den **naiven** Wunsch, der Staat wird's richten, mal am **Beispiel der USA** an.

Nur diese Zahlen sind wichtig, denn die USA ist eben genau die

Supermacht, deren Verhalten die ganze Welt beeinflusst. Der Dollar ist die anerkannte sogenannte Reservewährung und damit die Basis für alle anderen Währungen. Das Schicksal des Dollar ist das Schicksal aller Währungen.

Fangen wir unsere Betrachtung bei **H.C Hoover** an, in dessen Amtszeit fiel der Zusammenbruch, der als die „Great Depression" bekannt wurde.

Auf **Herbert Hoover** 1929-1933, der die Schulden der USA mit einem jährlichen Durchschnitt von 8,7% ausgeweitet hatte, folgte

F.D. Roosevelt 1933- 1945, der es auf einen Jahresdurchschnitt an Schuldensteigerung von 20% brachte.

Sein Nachfolger im Amt, **Harry S. Truman** 1945-1953, schaffte "nur" einen Schuldenzuwachs von jährlich 1%, ebenso wie dessen Nachfolger

Dwight D. Eisenhower, der bei seinem Abschied das amerikanische Volk noch eindringlich vor der Übernahme der Macht durch den militärisch industriellen Komplex warnte. Dessen Warnung leider grausame Wirklichkeit geworden ist. Auch Dwight D. Eisenhower schaffte in seiner Amtszeit von 1953- 1961 nur ein jährliches Schuldenwachstum von 1%. Auf Eisenhower folgte von 1961- 1963 der am 22. November 1963 ermordete Präsident

John F. Kennedy, der es in seiner kurzen Amtszeit auf eine durchschnittliche Neuverschuldung von2,2% brachte.

Lyndon B. Johnson, der bis 1969 John F. Kennedy nachfolgte, erhöhte die durchschnittliche jährliche Neuverschuldung auf 2,9%. Bis hierhin nichts Aufregendes, oder?

Aber nicht zu früh aufgeben, denn mit **Richard M. Nixon** begann 1969 die Regierungszeit der Präsidenten, die die durchschnittliche Neuverschuldung der Vereinigten Staaten so richtig in Schwung brachten. Richard M. Nixon brachte es schon auf eine jährliche durchschnittliche "stolze" Neuverschuldung von 5,8%.

Aber das war noch gar nichts gegen den ihm nachfolgenden **Gerald R. Ford**. Er drehte von 1974-1977 mit durchschnittlich 12,2% das ganz große Schuldenrad.

Sein Nachfolger **James E. Carter** brachte es indes nur auf "bescheidene" 9% durchschnittlicher jährlicher Neuverschuldung.

Dann betrat der Cowboy aus Hollywood die Bühne, den die Mehrheit der Amerikaner heute noch als ihren Präsidenten des Aufbruchs verehren. Und dabei liegen sie gar nicht so falsch, denn er hat in seiner achtjährigen Amtszeit die letzten Hemmungen, Schulden zu machen, aufgebrochen. Dieser hoch verehrte Präsident **Ronald W. Reagan** schaffte es, eine 8 Jahre dauernde durchschnittliche jährliche Neuverschuldung von 13% auf die Schultern der USA und damit, da der Dollar die Währung der Welt ist, auf die Schultern der gesamten Welt zu packen. Bravo und danke für diese Heldentat, und wie man an der uninformierten und verzerrten öffentlichen Wahrnehmung erkennen kann, bringt ein solches Verhalten auch noch Verehrung weit über den Tod hinaus. Dieser Schauspieler, der erst als Präsident zu großer schauspielerischer Form auflief, schaffte es, aus den übernommenen ca.1 Billion Dollar Schulden in seiner Amtszeit die unvorstellbare Schuldenhöhe von 2,9 Billionen Dollar zu generieren.
Das bedeutet, dass die USA seit der Amtsübernahme von Herbert C. Hoover im Jahre 1929 bis zum Amtsende des hoch verehrten Ronald W. Reagan die Höhe ihrer Schulden von $16.340.000.000 auf $2.857.430.960.187 erhöht haben. Wer allerdings glaubte, dass die Nachfolger des Schauspielers auf die Schuldenbremse treten würden, wurde böse enttäuscht.

Sein Nachfolger **Georg W. Bush sen**. führte in den 4 Jahren seiner Amtszeit, die 1993 endete, das Werk seines Vorgängers fast ungebremst fort. Er brachte es zwar allerdings "nur" auf einen Durchschnitt von 11%, aber auch auf diese Schuldenorgie kann er stolz sein.

William B. Clinton wurde dann zum schwarzen Schaf unter den Schulden-Präsidenten. Er erdreistete sich, die Schulden der USA im Jahresdurchschnitt während seiner Amtszeit von 1993- 2001 nur noch um 3,5% ansteigen zu lassen.

Sein Nachfolger, **Georg W. Bush Sohn**, korrigierte diese „Unver-schämtheit" natürlich sofort wieder. Er erreichte von 2001-2009 zwar nicht mehr die tollen Werte, die sein Vater mit 11% und der hoch verehrte Ronald Reagan mit 13% vorgaben, aber seine durchschnittli-che jährliche Neuverschuldung von knapp 8% kann sich sehen las-sen. Dem wiedergeborenen Christen und trockenen Alkoholiker ge-bührt wenigstens ein anderer Rekord, der für alle Ewigkeit wie in Stein gemeißelt wurde. Ihm gebührt der Rekord, dass an der US- Schul-denuhr eine Stelle angefügt werden musste. Wenn das keine auszu-zeichnende Leistung ist, was dann?

Barack Hussein Obama macht es seit seinem Amtsantritt schon gar nicht mehr unter 10-12 % jährlicher Neuverschuldung mit der Ten-denz ausufernd.

Schuldenstand der USA per 30.08.2010
$13.393.371.000.000 bei einem BIP für 2010 von geschätzten $14.500.000.000.000.

Die Beruhigungsformel der Politiker und Finanzexperten war immer, dass in guten Jahren Schulden abgezahlt werden.
Wie viele solcher „guten Jahre" gab es denn seit 1929 und wie viel an Schulden wurde in diesen guten Jahren zurückgezahlt?

Die Antwort auf beide Fragen lautet Null.

Wenn Sie im Internet etwas wirklich Lebendiges sehen wollen, wo sich immer etwas tut, dann empfehle ich Ihnen die US-Schuldenuhr. http://www.usdebtclock.org/, immer wieder "lustig" zu beobachten. Und was bei dieser Schuldenuhr sehr gut dargestellt ist, ist die Tatsa-che, dass wir mit den offiziellen Staatsschulden nur einen kleinen Teil des US und damit des Weltproblems streifen. Es gibt da ja auch noch die Schulden der Unternehmen und der privaten Haushalte. Und wie komplett das Debakel ist, sieht man daran, dass die Amerikaner nicht nur einen unbezahlbaren Berg an Hypotheken, sondern auch einen Berg von Privatkrediten, bevorzugt durch Kreditkarten, die jedes bezahlbare Maß weit überschritten, angehäuft hatten.

Und als wenn das für einen gigantischen Zusammenbruch noch nicht reichen würde, sind da noch die auf die USA zukommenden, im Haushalt und in den Staatsschulden noch nicht einmal berücksichtigten Zahlungsverpflichtungen, die die USA gegenüber zukünftigen Rentnern, Staatsangestellten und ihren Soldaten hat. Diese Zahl stellt dann alles in den Schatten. Denn für die sogenannten **"Unfunded Liabilities"**, also für die Verpflichtungen des Staates, für die im Haushalt noch keine Titel vorgesehen sind, dürfen die USA noch mal die Kleinigkeit von $ 110.201.058.000.000 locker machen.

Noch eine „Kleinigkeit", bei der die USA sich ziert klare Verhältnisse zu schaffen, sind die ca. $5.000.000.000.000, die die USA 2008 mit der vollkommenen Verstaatlichung von Fannie Mae und Freddie Mac, den beiden Hypothekenfinanzierern, übernommen hat. Da die USA dieses Geld natürlich ebenfalls nicht hat, müsste sie konsequenter Weise diese $ 5.000.000.000.000 ihren $13.393.371.000.000 Staatsschulden zurechnen.

So müssten die USA ihre Schuldenuhr damit konsequenter Weise, auf **$ 18.393.371.000.000** vorstellen.

Bevor es jetzt vollkommen unübersichtlich angesichts der über den Köpfen der US- Bürger und der Bürger der Welt zusammenschlagenden Schulden wird, schauen wir uns noch eine Zahl an, die den USA wie ein Mühlstein um den Hals hängt und haben dann hoffentlich verstanden, dass an diesem System nichts mehr zu reparieren ist, dass dieser Staat niemanden retten kann und dass dieser Staat selbst unrettbar verschuldet ist.

Aus schon genannten Gründen verzichten wir darauf, uns die Staats- und Privatschulden der restlichen Industrienationen anzuschauen. Wem das alles allerdings als Beweis für die Unabwendbarkeit eines totalen Zusammenbruches noch nicht reicht, der schaue sich natürlich auch deren Schuldenstände an.

Noch kurz zu den Schulden der privaten Haushalte der USA.
Diese stehen ebenfalls mit $16.243.000.000.000 in der Kreide, was offiziell 111% vom Bruttosozialprodukt der USA sind.
Was wiederum 372% eines erarbeiteten Bruttosozialprodukts sind.
Wie ich auf diese Zahl komme? Ganz einfach, da nur 30% des US-

Bruttosozialproduktes im weitesten Sinne erarbeitet sind und die restlichen **70%** aus Konsum bestehen.

Das Land, das bis über den Haaransatz verschuldet ist, dessen Bruttosozialprodukt zu **70%** aus Konsum besteht, spielte des Kaisers neue Kleider, und niemand schreit: "Seht mal alle hin, der Kaiser ist ja nackt". Ganz im Gegenteil, die Schuldner haben die gleiche Angst, wie die USA selbst, dass dieser Schwindel auffliegen könne.

Die United States of Hollywood hatten es geschafft, der Welt einzureden, wahrer Reichtum trifft nur den, der sich verschuldet und nicht arbeitet, sondern shoppt.

Natürlich waren sich die Drahtzieher des Terroraktes „Hypothekengesicherte Finanzprodukte", mit der sie die Welt überschwemmt haben, dieser Tatsache bewusst. Erstens wussten sie, dass das Spiel vorbei war, dass sowohl der Rest der Welt so wie auch die USA, total überschuldet sind und vor dem Crash stehen, und zweitens, dass dieser Crash nur noch von Blase zu Blase verschoben werden konnte. Also haben die großen Drahtzieher wie Goldman Sachs, J.P. Morgen und andere Bankster, mit Hilfe der Ratingagenturen und des US-Staates diese Terrorfinanzprodukte über die gesamte Welt gestreut, um durch das Platzen der Blase alle gleichzeitig zu treffen, was wiederum zu der Illusion führen würde, dass der Dollar immer noch der sichere Hafen sei.

Und" witziger Weise" funktionierte dieser Trick wie erhofft, denn die Investoren haben, wie magisch angezogen, die Schuldentitel der USA gekauft und damit Dollar mit der Begründung, in der Krise sei der Dollar halt immer noch der SICHERE HAFEN. So kamen die Schafe sicher zum Scheren nach Hause, und die USA konnte so die Billionen von neuem Schuldgeld und die Hyperinflation weiter in die ganze Welt exportieren.

Dieser Schachzug konnte jetzt dazu genutzt werden, um mit dem Erzeugen der letzten Blase, der Bailout- Blase, die Steuerzahler der ganzen Welt auszurauben. Damit konnte noch einmal ein bis zwei Jahre gewonnen werden, um das Platzen dieser ultimativen Blase und der daraus entstehenden Weltkrise den Menschen eine Weltfinanzregelung mit einer Weltwährung und Weltregierung unter der Herrschaft der großen Banken überzustülpen.

Wie schon David Rockefeller bemerkte: **"Lass keine Krise ungenutzt vorüberziehen."**

Während die Bürger überall auf der Welt unter den jetzt um sich greifenden Sparmaßnahmen leiden, die Abgaben und Steuern angehoben werden „müssen", um die gigantische Neuverschuldung durch die Bankenhilfen zu finanzieren, die Arbeitslosigkeit massenhaft um sich greift, feiern die großen Wall Street Banken einen Rekordbonus nach dem anderen. Und weshalb auch nicht, denn die Schulden, die die Welt erdrücken, sind schließlich ihr nicht allzu bescheidenes Einkommen.

Je höher die Schulden, umso höher das automatische Einkommen der Banken.

Während die USA als "Reparaturmaßnahme" einzig Dollar druckte, freuten sich die Exportnationen wie China, Deutschland, Japan, jetzt ihre fast vollständig zusammengebrochenen Güterproduktionen wieder hoch zu fahren. Über China, das die verarmte Mittelschicht der USA und der Welt mit wertlosem Billigplunder versorgt und damit Dollar, Euro und andere Währungen wie ein Schwamm aufsaugt, gelangten Aufträge für z.B. Autos und Maschinen auch nach Japan und Deutschland.

Besonders Deutschland, das seine Wirtschaft fast völlig vom Export abhängig gemacht hatte, feierte sich "nach der Krise", angesichts jetzt wieder voller Auftragsbücher, für ihre "richtigen Entscheidungen" selbst. So wie aber das neu gedruckte Schuldgeld aufgebraucht sein wird und die Aufträge wieder versiegen werden, werden gerade diese Länder den Katzenjammer Teil 2 erleben. Und diesmal wird der Katzenjammer eine Dimension annehmen, gegen den der erste ein leichter Kopfschmerz war.

Somit ist es der USA wieder einmal gelungen, mit wertlosem Geld hochwertige Güter einzusammeln und die großen Exportnationen für sich arbeiten zu lassen oder ihnen für diese wertlosen Papierfetzen gute Rohstoffe abzujagen.

Der Raubzug der Banker hat viele Fassetten.

Dank an die Welt für die Finanzierung unseres (US-Militärapparates)

Die USA haben, wenn wir das Bisschen an in den USA gefertigten Produkten vernachlässigen, nur noch zwei Säulen, auf denen sie stehen um damit ihre Weltmachtstellung zu rechtfertigen.

Säule NR.1 ist der Dollar, mit dem sie ihren Bankraub an der gesamten Welt wie oben beschrieben mit ihren Finanzprodukten durchgeführt haben, und **Säule Nr. 2** ist ihr völlig "überdimensioniertes" Militär, dessen Sinn man erst versteht, wenn man begreift, dass die wahren Machthaber, die hinter den Marionetten- Präsidenten stehen, nicht weniger als die völlige Weltdominanz im Sinne haben.

Nicht umsonst sind die US-Truppen in 170 Ländern dieser Erde stationiert.

Und dann versteht man auch, dass, was auf den ersten Blick überdimensioniert erscheint, nicht überdimensioniert ist.

Wenn wir heute begreifen, dass die USA uns außer heißer Luft nichts zu bieten haben und seit einigen Jahrzehnten schon nichts mehr zu bieten hatten, und endlich aus dem Tiefschlaf des "American Dreams", dem auch wir im Rest der sogenannten ersten Welt aufgesessen sind, aufwachen, werden wir merken, dass es für eine einfache, friedliche Abkehr von den USA zu spät ist.

Als Präsident Georg W. Bush seine Rede im Kongress zu den Ereignissen des 11. September gehalten hatte und im Bezug auf die Länder, die seiner Meinung nach Terroristen beheimaten, sagte: **"Wer nicht für uns ist, ist gegen uns"**, meinte er, wer nicht für uns ist, ist gegen uns, und zwar ohne Einschränkung.

Mit dem **11. September**, an dem die USA sich selbst den Anlass geschaffen haben, der Welt die Existenzberechtigung ihres Militärapparates und ihrer aggressiven Angriffskriege zu rechtfertigen, hat sie nur eine lange Tradition fortgeführt.

Ob es die **Versenkung der Lusitania** als Anlass zum Eintritt in den 1. Weltkrieg war oder **Pearl Harbor** als Grund für den Eintritt der USA in den zweiten Weltkrieg.

Oder der **Golf von Tonkin-Zwischenfall**, der als Anlass diente, um aus der "Polizeiaktion" einen Krieg in Vietnam zu machen. Es ist zur Tradition der Mächtigen der USA geworden, mit sogenannten Aktionen unter falscher Flagge die Rendite für den militärisch- industriellen- Komplex einzufahren.

Alle diese Ereignisse waren herbeigeführt durch US-Verantwortliche oder, wie im Fall des Golf von Tonkin, bei dem die USA behaupteten, dass Nord Vietnam im August 1964 mit Schnellbooten ein US-Kriegsschiff angegriffen hatten, nie passiert. Der Golf von Tonkin Zwischenfall lieferte Präsident Johnson den Vorwand, offiziell in den Krieg gegen Nord Vietnam einzutreten. Mittlerweile hat auch der damalige Verteidigungsminister Robert McNamara eingeräumt, dass dieser Zwischenfall **nie stattgefunden hatte**.

Da werden die Angehörigen der 50.000 US-Soldaten, die für nichts anderes als eine finanziell lukrative Lüge von ihrer eigenen Regierung gemordet wurden, sicher großes Verständnis aufbringen. Ebenso großes Verständnis wie die Angehörigen der 1 Million grausam ermordeten Vietnamesen. Dieses Verständnis müssen die Angehörigen schon aufbringen, was hätte das Militär sonst mit den vielen schönen Waffen machen sollen?

Auch im Fall des Angriffs Japans auf Pearl Harbor verhielten sich die USA schon Monate vor diesem Angriff den Japanern gegenüber in einer Art und Weise, die Japan kaum eine andere Möglichkeit ließ, als sich kriegerisch gegen die USA zu wenden. Als Japan 1940 seine Truppen in Indochina stationierte, schränkten die USA den Export von Stahl und Erdöl nach Japan ein, was für Japan, das 80% seines Erdöls zu dieser Zeit aus den USA bezog, eine harte Einschränkung bedeutete. Als Japan den USA nicht "gehorchte" und 1941 weitere Truppen in Indochina stationierte, verhängten die USA ein vollständiges Öl-Embargo gegen Japan. Da sich auch England und Niederländisch- Indien an dem Embargo beteiligten, verlor Japan 75% seines Außenhandels und 90% seiner Öl-Importe. Als der Japanische Angriff auf Pearl Harbor lief, "ignorierte" die US-Abwehr alle Hinweise auf das Angriffsziel und das Angriffsdatum. Mit der Zerstörung und dem Tod von ca. 2400 Amerikanern konnte die Regierung, die pazifistisch und einem Kriegseintritt ablehnend gegenüberstehende Bevölkerung von der Notwendigkeit für eine volle Beteiligung am 2. Weltkrieg überzeugen.

Eine detailliertere Auseinandersetzung mit den Einzelheiten dieser Ereignisse würde an dieser Stelle den Rahmen meiner Abhandlung sprengen. Wenn es mir aber gelungen sein sollte, Sie zu einer intensiveren Beschäftigung mit den Lügen der "Eliten" zu bewegen, dann würde mich das sehr freuen.

Wer die Macht hat, der bestimmt auch die Geschichtsschreibung.

Sollten Sie nach einer gründlichen Auseinandersetzung mit den Fakten der Regierungslügen dann auch noch Ähnlichkeiten zu dem Verhalten der USA dem Iran gegenüber im zur Zeit laufenden "Atomstreit" fest stellen, dann haben Sie richtig beobachtet.

Immer dasselbe Muster.

Auch hier läuft die stufenweise Einkreisung der Nation, die man angreifen möchte, nach alt bewährtem Muster ab. Aber wie am 11.September gezeigt, warten die wahren Herrscher in den USA nicht mehr, bis sie die anzugreifende Nation wie Japan im Falle Pearl Harbour zu einem wirklichen Angriff provoziert haben, sondern sind in der Lage, fähig und willens, diesen Angriff selbst durchzuführen.

Wie sollte man auch eine Militärmacht wie die USA angreifen? Gesteuert aus einer Höhle in Afghanistan und bewaffnet mit Teppichmessern?

So stellt auch der Iran weder für seine Nachbarn noch für die USA eine nukleare oder konventionelle Gefahr dar. Diesen "terroristischen" Angriff mit vermutlich einer kleinen atomaren Bombe auf amerikanischem Boden, der der USA als Vorwand für die Invasion des Iran dienen soll, müssen die US-Geheimdienste wie am 11. September schon selbst durchführen. Und sie werden sich nicht scheuen, dass auch zu tun. Einzig der Zeitpunkt ist noch offen. Sicher werden die „Eliten" auch diesmal zur Verschleierung ihres Verbrechens skrupellos das iranische Volk und ein „paar", diesmal vielleicht Zehntausende US- Bürger, opfern.

Und so haben die wirklichen Drahtzieher der Macht in den USA auch aus Vietnam gelernt. So finanziell fruchtbar der Vietnamkrieg für die finanzierenden Banken und den Militärisch-Industriellen-Komplex auch war, und so war es auch der Erste und Zweite Weltkrieg, brachte er doch eine große weltweite Widerstandsbewegung und einen starken Imageverlust für die Mächtigen. Die Medien wendeten sich gegen das millionenfache Sterben in Vietnam und den Tod von 50.000 US-Soldaten. Es entstand eine Antikriegsstimmung, die die Banker nun gar nicht brauchen konnten. Durch diese Berichterstattung war die Bevölkerung der USA nicht wieder zu einem aus finanzieller Sicht der Banker und dem Militärisch-Industriellen Komplex lukrativen, und notwendigen Kriegseinsatz zu bewegen. Aber eines muss man diesen "Eliten" lassen, sie lernen aus ihren Fehlern.

Nicht, dass Sie jetzt denken, für diese "Eliten" gilt Blutvergießen als Fehler, nein, das nicht , sondern der Fehler war, dass sich die Bevölkerung nach dem Vietnamdesaster nicht mehr mit Patriotismus zum Wohle des Volkes abschlachten lassen wollte.

So haben die Drahtzieher, zu denen die gesamte **Gästeliste der Bilderbergtreffen** gehört, das Gelernte am 11. September umgesetzt.

Die heiße Phase der Banker-Weltherrschaft beginnt

Mit dem 11. September allerdings haben die Bankeliten die perfekte Hollywood- Strategie zur Erlangung ihrer Ziele angewendet.

Die Banker-Weltregierung hinter der US-Regierung hat die Aktion unter falscher Flagge in den USA selbst durchgeführt. Diese Eliten, die langfristig denken und planen, haben die World Trade Center, die als das Herz des Kapitalismus galten, angegriffen und zerstört, um der Welt einen glaubwürdigen Sündenbock vor die Nase zu setzen. Die vor und nach diesem Ereignis einzigen Stahlkonstruktionshochhäuser, die jemals, angeblich durch Feuer, einstürzten.

So haben sie als Feind „cleverer Weise" kein Land, sondern undefinierbare Terroristen, die jederzeit wie Geister überall zuschlagen konnten, gewählt, und somit die Notwendigkeit zur Selbstverteidigung ihren Bürgern und der ganzen Welt als patriotische Notwendigkeit verkauft.

Sie haben es geschafft, unter Verwendung der ihnen gehörenden oder ihnen verpflichteten Massenmedien, eine solch große Angst vor Terror zu erzeugen, dass die Bürger, rund um den Globus, eine drastische Beschneidung ihrer persönlichen Rechte durch die sogenannten Anti- Terror-Gesetze akzeptierten. In den Wochen und Monaten nach dem 11. September fegte ein Orkan an Kriegspropaganda um die Welt, die den Boden für die Kriege in Afghanistan und Irak bereiten sollte.

Sie hatten sich einen Sündenbock gewählt, den sie selbst erschaffen und im Kampf gegen die sowjetische Okkupation in Afghanistan eingesetzt haben.

AL-Quaida ist eine Organisation, geschaffen und finanziert durch US- Geheimdienste.

Ein Gegner, der auf ihrer Gehaltsliste stand und steht, von dessen Mitgliedern sie jeden Lebenslauf genau kannten, die Stärken und Schwächen jeden einzelnen zu ihren Zwecken einzusetzen wussten. So konnte anders als beim ersten Anschlag auf das World Trade Center 1993 die Planung diesmal wesentlich genauer von statten gehen, um eine Panne wie damals zu vermeiden. Denn diesmal nahmen die Eliten die Planung des Anschlags selbst in die Hand.

Wobei ernstzunehmende Quellen bei der Bombe, die 1993 im World Trade Center explodierte, auch von einem "Probelauf" für das Spektakel vom 11. September 2001 sprechen. Auch das ist bei diesen menschenverachtenden "Eliten" möglich.

Mit diesem "genial-satanischen" Schachzug haben die Drahtzieher in den USA erreicht, dass sie ihre Kriege in jedes Land dieser Erde tragen können.

Denn es liegt nun nur an der Führung der USA, **wo** sie die "gefährlichen Terroristen" ausmacht.

Damit brauchen diese Kriege gegen den "Terror" eigentlich nie zu enden und können auf jedes Land ausgeweitet werden.

Noch viel „genialer" ist es, dann in die Länder zu gehen, denen man die Unterstützung von Terroristen vorwirft, die auch noch rein zufällig die Länder sind, in denen sich strategisch wichtige Rohstoffe befinden (Irak- Öl, Afghanistan- Lithium). "Clever" ist es dann natürlich auch noch, wenn man, wie im Falle Irak, dessen Präsident Saddam Hussein, der die „Frechheit" besessen hat, Öl nicht mehr in Dollar abzurechnen, was, wenn es Schule gemacht hätte, den Dollarkollaps und das Platzen der US- Schuldenblase schon am Anfang des neuen Jahrtausends zur Folge gehabt hätte, die Staatsordnung gleich mit beseitigt. Mit Saddam Hussein und seiner Führungsriege hat man nicht nur die Staatsführung und somit ein Hindernis gegen den Öl Raub beseitigt, es ist auch gleichzeitig ein Mitwisser eliminiert worden, der der USA und besonders der Familie Bush hätte gefährlich werden können. Dieser menschenverachtende Diktator hätte, wenn er am Leben geblieben wäre, über seine CIA Ausbildung und die Waffenbrüderschaft mit den USA berichten können. Er hätte der Welt weiterhin berichten können, wie die USA den Irak- Iran Krieg durch ihn geführt haben. Er hätte, wenn er lange genug gelebt hätte, um über das wahre Gesicht der USA auszusagen, die USA-hörige Welt schwer erschüttern können.

Deshalb musste er, auch wenn es nicht die geringsten Beweise der

Verbindungen zum 11. September und zu Massenvernichtungswaffen gab, sterben.

Damit wurden dann viele Fliegen mit einer einzigen großen, brutalen und verlogenen Klatsche erledigt. Und all das, zumindest am Anfang, mit patriotischer Unterstützung der Mehrheit des eigenen Volkes und der ganzen Welt. Ich erinnere an die Worte vieler westlicher Politiker nach 9/11, "Wir sind alle Amerikaner", die uns mit diesen Worten zu Mittätern am Völkermord an hunderttausenden Afghanen und 1,5 Millionen Irakern gemacht haben.

Um dann aus einer großen Lüge eine Wahrheit zu machen, sprich sich echte Terroristen zu schaffen, braucht man nur noch die dortige Bevölkerung so lange zu terrorisieren, bis sie anfängt, sich zu wehren und sie dann als Terroristen klassifizieren. So macht man aus denen, denen man vorgibt, Demokratie und westliche Werte zu bringen, echte Feinde, mit denen man das Kriegsrad auf ewig in Schwung halten kann. Und wie heißt es dann so schön patriotisch, wenn jemand das Militär und die Kriege kritisiert?

"Unsere Jungs tun ihren Dienst und geben ihr Leben für die Freiheit, damit wir hier in Frieden leben können".

Ist dieser Zynismus irgendwie noch zu überbieten? Ich glaube nicht.

Was das mit dem Thema Wachstumslüge und Schuldgeldsystem mit Zins zu tun hat?

ALLES.

Das ist wie gesagt die andere große Handelsware, mit der die USA der Welt ihren "Dienst" anbieten und in diesem Fall sogar aufzwingen kann. Aber sie braucht halt einen triftigen Grund, dieses auch tun zu können. Und hier ist eine zwar dunkle und satanische, aber durchaus "geniale" Denkstrategie zu erkennen. Da die USA mit dem selbst initiierten Angriff auf ihr kapitalistisches Herz sich jenen Gegner geschaffen haben, der nicht klar definiert werden kann, jederzeit und überall zuzuschlagen bereit ist und natürlich auch in allen anderen westlichen Ländern zuschlagen kann, bindet sie damit natürlich auch den Rest der Welt mit in ihre Verbrechen ein. Ein Gegner, mit dem, da er keine festen Vertreter oder festen Staatsstrukturen hat, natürlich auch nicht über einen Stopp der gegenseitigen Kriegshandlungen verhandelt werden kann. Ebenso kann dieser Gegner sich nicht geschlagen geben und kapitulieren. So ist es natürlich möglich, diesen Krieg bis in alle Ewigkeit fortzuführen.

Denn nur einer bestimmt die Orte, den Zeitpunkt, die Intensität und das eventuelle Ende der Kampfhandlungen, die USA.

Diesen Terror von der Kette zu lassen, war für die Banker und den militärisch-industriellen Komplex ein notwendiges und hoch lukratives Ziel.

Aber nicht das einzige Ziel.

Was wäre, wenn die Bevölkerung für diese Kriegseinsätze mit einer direkten Steuer bezahlen müsste? Sie würde sofort merken, dass sie sich Kriege überhaupt nicht leisten kann. Was aber noch schwerer wiegt: Krieg wäre für die Banker und den militärisch-industriellen-Komplex nur der halbe Erfolg. Es würden zwar die über viele Jahre übervoll gewordenen Waffenarsenale geleert, aber der Hauptzweck eines Krieges, Schulden anzuhäufen, um den Bankern die Erhöhung ihres festen Einkommens über die Zinsen auf diese Schulden zu sichern, wäre verfehlt. Aber sollten Sie Banker sein und diese Zeilen lesen, dann kann ich Sie beruhigen, diese Gefahr bestand nie und sie wird auch niemals bestehen.

Denn 1. ist die Mutter aller Staaten, die in der Moderne Dauerkrieg führende Nation, die USA, so hoffnungslos verschuldet, dass sie sich nicht mal eine Rolle Toilettenpapier mit einem Dollar Guthaben kaufen kann, und 2. würde kein Präsident es wagen, das Volk direkt mit den Kriegskosten zu konfrontieren. Aber das wissen die Banker ja mindestens genauso gut wie ich. Denn schließlich sind die Präsidenten der USA das Eigentum unserer "Menschenfreunde", der Banker. Also ist der Erfolg der Banker, sich selbst mit einem Krieg ein weiter wachsendes, fixes Einkommen zu sichern, garantiert.

Schuldgeld und der Zins machen es auch diesmal wieder möglich.

Schauen wir uns mal die Versprechen der US-Regierung unter Georg W. Bush an, den Ländern wie Afghanistan und dem Irak Freiheit von der Diktatur, Demokratie und Stabilität zu bringen. Was ist nach 9 Jahren Krieg in Afghanistan und 7 Jahren Krieg im Irak von diesen Versprechen eingelöst worden?
Kein einziges, selbst eine Befreiung von der Diktatur gab es nicht. Es wurde nur der Diktator ausgewechselt. Jetzt leben die Iraker zwar nicht mehr unter der Diktatur von Saddam Hussein, sondern unter der Diktatur der USA, die ihr Land bis auf die Grundmauern zerstört haben und im Begriff sind, es bis auf den letzten Tropfen Öl auszurauben.

Noch nie war dieser zynische Spruch, dass Gott aus Versehen das amerikanische Erdöl unter den Arabischen Sand vergraben hat, so zutreffend.

Aber verwundert darüber, dass die Taten wieder einmal das Gegenteil von dem sind, was versprochen wurde, kann nur der sein, der der Propaganda der Machthaber und ihren Marionetten in Washington und dem Rest der "zivilisierten" Welt Glauben geschenkt hatte und immer noch bereit ist an diese Märchen zu glauben. Dieses waren wohl die Versprechen, aber es waren nie die Vorhaben der Verantwortlichen dieser Bank- und Politikterroristen. Ihr Vorhaben ist eindeutig und klar. Ihr Vorhaben ist und wird immer Geld und Macht sein. Menschenleben zählen bei ihnen nur, wenn es sich um ihr eigenes oder um das ihrer engsten Angehörigen handelt.

Das sind also die beiden bröckelnden Säulen, auf denen die USA, dieses sterbende Empire steht.

Seien Sie versichert, dieses Empire wird nicht leise implodieren und die Welt in die Freiheit entlassen, ganz im Gegenteil.

Schauen wir uns neben dem menschlichen Leid, den Millionen toten Irakern, Afghanen und Soldaten der Invasionstruppen und den vielen, die noch an den Spätfolgen der im Irak verschossenen abgereicherten Uranmunition sterben werden, die Kosten an, die dieser Überfall auf diese Länder verursacht hat.

Die US-Regierung unter Präsident Obama spricht von ca. $1.000 Milliarden Kriegskosten. Andere Quellen sprechen von bis zu $3.000 Milliarden und werfen der Regierung der USA vor, die Folgekosten nicht zu berechnen und Kosten für diese Angriffs- und Eroberungskriege in anderen Haushaltstiteln zu verstecken. Es ist möglich, dass die $1.000 Milliarden der Wahrheit entsprechen. Ich halte es aber auch für möglich, dass die $3.000 Milliarden die wahre Größenordnung darstellen.

Da wir aber mit Sicherheit aus den offiziellen Quellen die Wahrheit niemals erfahren werden, gehe ich ganz großzügig vor und halte die "goldene Mitte" für einen guten Kompromiss, zumal jede der drei Zahlen an sich schon eine solch große finanzielle Katastrophe darstellt, dass es egal ist, ob wir den richtigen Wert um "ein paar Dollar" verfehlen.

Bei dieser Gelegenheit kann ein Jeder gleich einmal mit der Hoffnung brechen zu erwarten, dass aus Politikermündern auch nur ansatzweise die Wahrheit zu erfahren ist. So wie auch bei den Anschlägen am 11.September, die für jeden halbwegs offenen und guten Beobachter eindeutig den Tatbestand einer Aktion "Unter Falscher Flagge" erfüllen. Ob dieses Verbrechen mit Eingreifen oder Duldung gewisser einflussreicher Stellen innerhalb der US-Administration initiiert wurde oder von Regierungsmitgliedern der damaligen Regierung um Georg W. Bush, um den Staatsterror der USA von der Kette zu lassen, sollte ohne Rücksicht auf Verluste untersucht werden. Denn so wie auch John F. Kennedy nicht von einem einzigen Schützen mit einer magischen Kugel getötet wurde, so war auch der 11. September ohne generalstabsmäßige Planung und Steuerung durch die jeweils zuständigen US-Behörden nicht möglich. So wie der Schnellbootangriff im Golf von Tonkin niemals stattgefunden hat und viele andere uns als Wahrheiten verkaufte Zwischenfälle entweder von den Regierungen und ihren Handlangern selbst ausgeführt wurden oder nichts anderes als Lügen waren, mit denen diese "Volksvertreter" bisher immer durchkamen, ist zu befürchten, dass die Verbrecher auch diesmal wieder davon kommen.

Die Menschen müssen endlich ihre unterwürfige Haltung offiziellen Stellen gegenüber aufgeben und um die Wahrheit kämpfen.

Es muss aufhören, die Tradition des Untertanentums, Gehorsams und des Glaubens an Würdenträger an unsere Kinder weiterzugeben. Genau diese Haltung ist es, die dazu geführt hat, dass vor unseren Augen wie am 11.September fast unbeschädigte Gebäude wie Gebäude Nr.7 gesprengt werden konnten, in der wichtige Unterlagen über Börsen- und Betrugsskandale für immer vernichtet wurden und bis heute **NIEMAND ZUR RECHENSCHAFT GEZOGEN WURDE.**

Stellen Sie mal in Ihrem Bekanntenkreis die Frage: "Kennst Du Building No.7?"

Die Initiatoren dieser Verbrechen wie die Präsidentenfamilie Bush, Dick Cheney, Donald Rumsfeld und viele andere, die in der Öffentlichkeit unbekannt geblieben sind, konnten durch dieses unterwürfige Verhalten der großen Masse nicht nur mit diesen Morden an ihren eigenen Landsleuten bis jetzt ungestraft davonkommen, sondern die halbe Welt in einen Genozid an den Afghanen und Irakern führen.

Wir müssen endlich lernen, dass eine Wahrheit eine Wahrheit ist, und nicht erst, wenn die Verbrecher die Tat zugeben. Wer immer noch darauf wartet, dass es auf dieser Welt einen einzigen Politiker gibt, der sich vor das Volk stellt, dem er mit Eid verpflichtet ist und seine Verbrechen zugibt, dem ist nicht mehr zu helfen.

Es ist an der Zeit, dass die Bürger aufwachen und begreifen, dass die, die sie gewählt haben, um ihrem Wohl zu dienen, sich längst mit den Bankern verbrüdert oder sich diesen unterworfen haben, um diesen als Helfershelfer eines neuen Feudalismus zu dienen. Und deshalb ist es auch wichtig zu erkennen, welche Zusammenhänge es zwischen den großen Bankern und da speziell den Eigentümern der US-Notenbank FED, und Kriegen gibt.

Ich möchte an dieser Stelle die Rede eines US- Soldaten zitieren, der im Irak im Einsatz war und dabei aufgewacht ist. Dieser aufgewachte Mann heißt **Mike Prysner**, und wenn die Massen so wie er erkennen würden, dass sie brutal für die Zwecke einiger weniger, die sich selbst als Elite bezeichnen, benutzt werden, dann würde die Französische Revolution zu Recht ihre sofortige Wiederholung finden.

Hier seine Rede:

" Ich wollte immer stolz auf meinen Einsatz sein, aber ich konnte nur Scham empfinden. Die Tatsache der Besatzung war nicht mehr durch Rassismus zu übertünchen. Das waren Leute, menschliche Wesen. Seitdem quälen mich jedes Mal Schuldgefühle, wenn ich einen alten Mann sehe, wie den, der nicht laufen konnte, den wir auf eine Trage rollten und die Irakische Polizei anwiesen ihn weg zu bringen. Wenn ich eine Mutter mit ihren Kindern sehe, wie die, die wild weinend schrie, wir seien schlimmer als Saddam, als wir sie aus ihrem Haus trieben. Wenn ich ein junges Mädchen sehe, das ich am Arm packte und auf die Straße zerrte. Man sagte uns wir kämpfen gegen Terroristen. Der wahre Terrorist war ich, und der wahre Terror diese Besatzung. Rassismus war lange im Militär ein wichtiges Mittel, um die Zerstörung und Besatzung anderer Länder zu rechtfertigen. Er wurde als Rechtfertigung für das Töten, Unterjochen und Foltern der Völker benutzt.

Die Regierung benutzt den Rassismus als zentrale Waffe, er ist wichtiger als ein Gewehr, ein Panzer, ein Bomber oder ein Schlachtschiff. Zerstörerischer als eine Granate oder ein Bunkerbrecher oder eine Rakete. All diese Waffen die die Regierung erschafft und besitzt, sind harmlos ohne die Menschen, die sie einsetzten. Die, die uns in den Krieg schicken, müssen den Abzug nicht ziehen, oder einen Mörser herum wuchten.

Sie müssen den Krieg nicht kämpfen, nur verkaufen. Sie brauchen eine Öffentlichkeit, die bereit ist, ihre Soldaten auf den Weg des Verderbens zu schicken. Die bereit sind zu töten und getötet zu werden, ohne zu fragen.

Sie können Millionen für eine einzige Bombe ausgeben, aber die ist erst dann eine Waffe, wenn die Militärs bereit sind, den Einsatzbefehl auszuführen. Sie können den letzten Soldaten überall auf der Welt hinschicken, aber Krieg gibt es nur, wenn die Soldaten auch bereit sind zu kämpfen. Die Klasse der Herrschenden, die Milliardäre, die am Leid der Menschen profitieren, sind nur auf Bereicherung und Kontrolle der Weltwirtschaft aus, sie haben nur Macht, wenn sie uns überzeugen können, dass Krieg, Unterdrückung und Ausbeutung in unserem Interesse liegt.

Sie wissen, dass ihr Reichtum davon abhängt, dass sie die arbeitende Klasse dazu bringen können zu sterben, um die Märkte anderer Länder zu kontrollieren. Um uns zum Töten und Sterben zu bringen, müssen sie uns weißmachen, dass wir irgendwie etwas Besseres sind.

Soldaten, Matrosen, Marines, Flieger haben gar nichts von dieser Besatzung. Die große Mehrheit der Menschen in den USA hat nichts von dieser Besatzung. Tatsächlich haben wir nicht nur keinen Vorteil davon, sondern leiden darunter. Wir verlieren Gliedmaßen, erleiden Traumata und geben unser Leben, unsere Familien müssen zusehen, wie fahnenbedeckte Särge in die Erde gesenkt werden. Millionen in diesem Land ohne medizinische Versorgung, ohne Job, ohne Ausbildungsplatz sehen zu, wie diese Regierung $450Millionen pro Tag für diese Besatzung verschleudert.

Arme schuftende Menschen in diesem Land werden ausgeschickt, um arme schuftende Menschen in einem andern Land zu töten, um die Reichen reicher zu machen. Ohne Rassismus würde den Soldaten klar werden, dass sie mehr mit dem Irakischen Volk gemeinsam haben, als mit den Milliardären, die sie in den Krieg schicken.

Ich habe im Irak Familien auf die Straße geworfen, nur um nach Hause zu kommen und hier auf die Straße geworfene Familien vorzufinden.

Es ist eine tragische und unnötige Zwangsvollstreckungskrise. Wir müssen aufwachen und erkennen, dass unsere wahren Feinde nicht in einem fernen Land sitzen. Das sind keine fremden Leute, deren Namen wir nicht kennen, und Kulturen, die wir nicht verstehen. Der Feind, das sind Leute, die wir sehr wohl kennen, Leute die wir identifizieren können. **Der Feind ist ein System, das Krieg anzettelt, wenn es Profit bringt.** Der Feind sind die Vorstände, die uns feuern, wenn es Profit bringt. Die Versicherungen, die uns Behandlungen verweigern, wenn es Profit bringt. Die Banken, die uns unser Heim wegnehmen, wenn es Profit bringt. Unser Feind ist nicht 5000 Meilen weg, sondern genau hier zu Hause. Wenn wir uns organisieren und gemeinsam mit unseren Brüdern und Schwestern kämpfen, können wir den Krieg beenden, diese Regierung stoppen und eine bessere Welt schaffen."

Dem ist nichts hinzuzufügen.

Wenn wir uns jetzt wieder der "Goldenen Mitte" der Kriegskosten von $2.000 Milliarden für die Kriege im Irak und Afghanistan zuwenden, stellt sich die Frage, woher die US-Regierung dieses Geld für diese Kriege genommen hat. Sie liegen vollkommen richtig, sie hat auch dafür neue Schulden gemacht. Da wir, wie wir schon ausführlich festgestellt haben, wissen, dass die USA vollkommen pleite sind, bleibt der US-Regierung zur Finanzierung ihrer „Abenteuer" immer nur ein und dieselbe Quelle, neue Schulden. So leiht sie sich Geld, viel Geld, und für dieses Geld, und das wissen Sie ebenfalls, müssen Zinsen bezahlt werden. Es gibt keinen einzigen Dollar, Yen, Euro, Renmimbi ohne Zinsen auf dieser Welt. Im Gegenzug gibt die US-Regierung Schuldscheine aus mit dem Versprechen, irgendwann ihre Schulden zurückzubezahlen. Das ist aber noch nie passiert, sondern sie hat, so wie alle anderen Staaten auch, immer nur die alten Schulden mit neuen Schulden bedient. Wie man es in einem "guten"

Schneeballsystem halt so macht. So wird sie auch für diese beiden Kriege in Afghanistan und im Irak ihre Schulden nicht bezahlen, aber die Zinsen dafür wird sie bezahlen. Und da können sie ganz sicher sein, denn da werden die Banker schon aufpassen, dass diese Zinsen immer pünktlich bedient werden, **denn um die Zinsen geht es in diesem Betrugssystem schließlich. Nicht um die Schuld selbst.**

Warum das so ist, sehen wir später noch genauer.

Aber jetzt wieder zurück zu unserer Bankerkriegsrendite.
Wenn wir also von den $2.000 Milliarden neuer Schulden ausgehen, die die USA für diese Kriege aufgenommen haben, für die im Moment bei 10 jähriger Laufzeit ein Zins von 2,58% zu zahlen ist, dann bedeutet das ein jährliches Zusatzeinkommen für die Banker von $51,6 Milliarden. Wenn die Fälligkeit erreicht ist, hat der amerikanische Steuerzahler damit insgesamt $516 Milliarden an Zinsen an die Banker überwiesen. Alleine damit hat der Krieg dann Kosten in Höhe von $2.516 Milliarden verursacht. Das sind dann 125,8 % der ursprünglichen Kosten.

Jetzt gibt der US-Staat aber auch noch 30 jährige Schuldverschreibungen aus, das heißt, er verspricht seine Schulden erst in 30 Jahren *nicht* zurückzuzahlen. Denn wie schon festgestellt, zahlt kein Staat jemals Schulden, soll er ja auch nicht.

Wenn also die Banker dem Staat $2.000 Milliarden für 30 Jahre leihen, dann bekommen diese zurzeit sogar 3,65 % an Zinsen. Und weshalb sollte man diese Schulden nicht 30 Jahre als Trojanisches Pferd im Staatshaushalt auf die Weide schicken? Wie sieht denn der Zinsertrag dann aus? $2.000 Milliarden Dollar zu 3,65% auf 30 Jahre bedeutet ein jährliches Zusatzeinkommen für unsere Banker von $73 Milliarden. Das heißt jedes Jahr, die nächsten 30 Jahre $73 Milliarden. Was sich nach 30 Jahren auf die stolze Summe von $2190 Milliarden Zinsen beläuft. Dann hat also dieser "Diktatur-Befreiungskrieg" insgesamt $4190 Milliarden gekostet.

Da der Staat nie in der Lage und willens sein wird seine Schulden zu bezahlen, wird er, wenn die Fälligkeit erreicht sein wird, diese Schuld dann mit neuen Schulden bezahlen.

So haben die Banker die Garantie, dass ihr Trojanisches Pferd niemals von dieser Weide kommt.

Die Banker Hure Staat

Die Trauer darüber, dass die Staaten ihre Schulden niemals zurückzahlen können, hält sich bei den Bankern in engen Grenzen, denn die Schulden wollen die Banker gar nicht bezahlt bekommen. Klingt komisch, ist aber so, und sie werden gleich verstehen, weshalb das so ist.

Schulden bedeuten die Pflicht, Zinsen zu bezahlen, und Zinsen bedeuten Einkommen. Zu erlauben, die Schulden zurück zu zahlen hieße ja, den Bürgern zu ermöglichen, sich zu **ENTSCHULDEN.** Und das wäre das Ende des "genialen Raubes" an der Menschheit und das Ende des automatisch fließenden Einkommens der Banker. Dafür haben Sie als Steuerzahler doch sicher Verständnis, dass dieses niemals passieren darf. Egal, was ihre parlamentarischen Diktatoren Ihnen auch immer versprechen. Staatsschulden müssen zum Wohle der Banker immer steigen, denn nur dann steigen die Einkommen der Banker und das Schneeballsystem kann weiter rollen. Ob eine Krise, sogenannte Investitionen oder ein Krieg herhalten muss, ist nicht so wichtig, wichtig ist, das Ereignis muss nur irrsinnig teuer und ausschließlich mit neuen Schulden zu bezahlen sein.

Aber wie können die Banken auf die Rückzahlung ihres, der Regierung gegebenen Geldes verzichten? Und wo liegt für sie der Gewinn bei diesem Geschäft? Sieht doch im ersten Moment so aus, als ob die Banken dabei selbst einen Verlust erleiden würden. Wenn Sie als Privatperson den Eindruck bekommen, dass Sie jemandem Geld leihen, der dieses Geld aber nicht zurückzahlen kann oder will, dann werden Sie doch sehr vorsichtig und leihen dieser Person kein weiteres Geld mehr. Ganz im Gegenteil, sie versuchen die geliehene Summe sofort zurück zu bekommen. Wenn Sie dieser Meinung sind, dann haben sie in der sogenannten Subprime Krise nicht aufgepasst.

Die Staaten, also die Steuerzahler, haben den Banken weltweit mit Billionen Dollar, Yen, Euro, etc. die "Verluste" ausgeglichen. Nicht nur, dass das Geld, das die Banken von den Steuerzahlern bekamen, das Geld war, dass sich der Staat natürlich erst bei den Banken leihen musste, um es ihnen als Rettungspaket der Steuerzahler zu schenken, nein, es kam noch viel besser. Die Banken haben dann dieses geschenkte Geld dem Staat, der ja noch mehr Schulden machen musste, und zwar bei den Banken, die er gerettet hatte, um auch noch die zusammengebrochene Wirtschaft mit riesigen Summen zu unterstützen, was natürlich nur mit neuen Schulden ging, gegen Zins wieder zurückgeliehen.

Also noch mal, am Beispiel der Federal Reserve Bank (FED).
Diese private Notenbank hat Schuldgeld gedruckt, das die Retter, auch genannt Politiker, in unserem Namen, also im Namen der Steuerzahler mit der Verpflichtung zur Rückzahlung mit Zinsen akzeptiert haben. Die in "Not geratenen" Banken, oder besser, die sich selbst in Not gebrachten Banken, wurden dann mit diesen Milliardenpaketen "gerettet". Da diese Banken jetzt wieder liquide waren und Geld verdienen wollten, haben sie dieses Geld natürlich nicht an die Bürger verliehen, denn von denen wussten sie ja, dass auf die Einsparungen und magere Jahre zukommen würden. Sie liehen dieses von den Bürgern gestohlene Geld lieber dem Staat. Denn der Vorteil war, dass der Staat, um nicht pleite zu gehen, auf jeden Fall die von den Bankern gewollten Zinsen aus seinen Steuereinnahmen zahlen wird. Denn das Steuergeld ist das letzte Geld, das auf jeden Fall eingetrieben werden kann. Zur Not treibt der Staat dieses Geld mit Waffengewalt und hohen Strafen ein.

Mit einer Zeitverzögerung von 2-3 Jahren, wenn der Staat dann, um die Zinsen für diese neuen Schulden zu bezahlen, entweder Leistungen kürzen oder Steuern und Abgaben erhöhen wird, sind dann nicht die Banker die Sündenböcke, sondern in den Augen der verdummten Bevölkerung der Staat. Und sie merken nicht, dass sie damit die Schuld auf sich selbst genommen haben.

Na, wenn das kein „perfekter Witz" ist, dann weiß ich auch nicht mehr worüber man noch lachen kann.

Stellen Sie sich mal vor, wie schnell der wahre Schuldige ausgemacht wäre, wenn die Regierungen mit einer Notverordnung die Milliarden zur Bankenrettung mit sofortiger Wirkung bei den Bürgern mit einer Sondersteuer einkassiert hätte.

Aber der ultimative Scherz, den die große Masse nicht begriff, war, als sich z.B. hier in Deutschland, im Höhepunkt der Krise unsere Rettungskanzlerin ans Rednerpult begab.

Als die Menschen gerade zu begreifen schienen, dass das Papiergeld keinen Wert mehr besitzt und das Bankensystem pleite ist und jetzt ihr Geld von den Banken abziehen wollten, was im übrigen die richtige Reaktion gewesen wäre, schwebte die Kanzlerin ans Rednerpult um Folgendes zu verkünden:

"Wir, der Staat, garantieren die Einlagen bei den Banken". "Das Geld der Sparer ist sicher".

Der ultimative Beweis, wie wenig die Menschen begriffen haben, wer der Staat wirklich ist und wie er funktioniert, war die Reaktion der Bürger, die ihr Geld aufgrund der Aussage der Kanzlerin wirklich und allen Ernstes auf den Konten beließen.

Die Nummer hatte funktioniert.

Angela Merkel hatte den Bürgern im Klartext verkündet, dass jeder Sparer und Kontoinhaber jetzt mit seinem Steuergeld selbst sein Sparguthaben als sicher garantiert, und die Schafe haben dem Wolf geglaubt, dass er sie nicht fressen, sondern nur mit ihnen spielen möchte.

**So umfassend ist die Verdummung der Bevölkerung.
Herzlichen Glückwunsch.**

Im Schweiße Deines Angesichts sollst Du (Banker) Dein Geld erschaffen

Schauen wir uns jetzt mal an, woher die Banken "ihr" Geld, dass sie den Staaten leihen und auf dessen Rückzahlung, wie ich behaupte, sie so bereitwillig verzichten, bekommen.

Sicher müssen die Banker, so wie der Rest der Bevölkerung, jeden Morgen bei Sonnenaufgang aufstehen, die Kühe melken, das Feld bestellen, säen, ernten, ihre Ernte auf dem Markt verkaufen, um dann dieses hart erarbeitete Geld der Regierung geben zu können, damit diese dann die weltweiten Kriege finanzieren kann. Andere Banker gehen bestimmt in Kohlegruben und arbeiten tagaus, tagein sehr schwer, um das verdiente Geld ihrer Regierung zur Verfügung zu stellen.

Ich habe mir sagen lassen, dass es fast so hart für Banker wie für den Rest der Bevölkerung ist, an Geld zu kommen, aber eben nur **fast** so hart, denn die Bankendynastien haben über die Jahrhunderte "glücklicherweise" einen Weg gefunden, um etwas leichter an Geld zu kommen.

Und wenn Sie das, was jetzt kommt nicht glauben können, dann habe ich volles Verständnis für Sie, es klingt wirklich unglaublich, ist aber tatsächlich so.

Sie drucken es einfach

Oder sagen wir etwas genauer, sie lassen es drucken, denn es selbst zu drucken, wäre schon wieder mit Arbeit verbunden, bei der man sich die Finger schmutzig machen könnte, und das will sich wohl niemand aus den Kreisen der besseren Menschen zumuten.

Wofür ich natürlich „volles Verständnis" habe.

Was heißt also, sie drucken es einfach! Einfach so?

Das kann nicht sein. Niemals, es muss doch für jeden Dollar, Yen etc. einen Gegenwert geben? Gibt es ja auch, und zwar das Versprechen der Personen, die dieses Geld als Kredit annehmen und versprechen, es mit Zins zurück zu zahlen. Sie sollten sich langsam damit vertraut machen, zu ihren privaten Verbindlichkeiten die € 22.000 pro Kopf

Staatsschulden, die jeder von uns in Deutschland den Bankern schuldet, als ihre persönliche Schuld anzuerkennen.

Sie haben mit ihrem Einverständnis zu unserer parlamentarischen Diktatur auch ihr Einverständnis dazu gegeben, dass immer neue Politiker in ihrem Namen immer neue Schulden auf die alten Schulden häufen dürfen.

Aber wie nett die Banker sind, sehen Sie daran, dass Sie die € 22.000 in Raten zahlen dürfen, das nennt man dann Steuern zahlen, und da die Schulden natürlich immer steigen, steigen genauso natürlich die Raten, sprich Steuern. Da kommt für einen vier Personen Haushalt ein nettes Sümmchen zusammen.

Das ist alles? So entsteht Geld? Einer der Geld einfach druckt, und ein Idiot, der diesen Schein nimmt und verspricht, ihn plus Zins zurückzuzahlen.

Ja, das ist im Prinzip schon alles.

Diese Banker können also Geld aus Luft machen? Ja, genauso ist es. Und jetzt verstehen Sie vielleicht, weshalb ich mich bei den staatlichen Schulbehörden "bedankt" habe, dass sie diese "einfache", aber doch zentrale Wahrheit von unseren Kindern fernhält.

Es braucht also eine Organisation wie die Zentralbanken, die das Monopol über die Ausgabe des Geldes und den Zins haben, und dann kann die Party steigen?

Das heißt, da jeder Geldschein oder Münze nur aus der einen Quelle, der monopolisierten Notenbank kommen kann, gibt es keine andere Möglichkeit, an Geld zu kommen. Und dann ist es auch völlig egal, ob das Geld von der Japanischen-, Amerikanischen-, Englischen- oder Europäischen Notenbank kommt, der Vorgang ist immer der Selbe. Jeder neue, zusätzliche Dollar, Yen, Renmimbi oder Euro, kommt a) von den Notenbanken und b) als Schuld mit dem Zahlungsversprechen mit Zins in die Welt.

Jedem Geldwert steht der gleiche Wert an Schuld gegenüber.

Und jetzt kommt der vollkommene Irrsinn.

Wenn Geld nur aus einer Quelle kommt, und zwar als Schuld mit Zins, woher kommt das Geld, das notwendig ist, um den Zins zu bezahlen?

Sie vermuten richtig, auch dieses Geld zur Bezahlung des Zinses kommt ausschließlich von den Zentralbanken. Und auch dieses Geld kommt als Schuld mit Zins. Das heißt, auch das Geld, das zur Zahlung des Zinses notwendig ist, muss ebenfalls von derselben Quelle geliehen werden?

So ist es!

Und natürlich wieder gegen Zins. Das Geld, das dann notwendig ist, um diesen weiteren Zins zu bezahlen? Muss ebenfalls wieder geliehen werden, und zwar ebenfalls mit Zins.

Soll ich diesen Mechanismus noch einige hundert Seiten weiter treiben, oder haben Sie begriffen, weshalb unser Weltfinanzsystem da ist, wo es jetzt ist?

Es sind keine zu hohen oder zu niedrigen Zinsen, keine schlechten Banker oder "faule" Griechen, Portugiesen, Spanier etc., es ist das System des Schuldgeldes mit Zins, das die Katastrophe selbst in sich trägt.

Deshalb ist ein Finanzsystem, das ein Schuldgeldsystem mit Zins ist, vom ersten Moment seiner Einführung an:

1) sofort zahlungsunfähig

2) nur noch damit beschäftigt, seine Zahlungsunfähigkeit mit immer neuen Schulden hinauszuschieben und

3) *zu ewigem Wachstum verdammt*.

Hier haben Sie die Wachstumslüge. Das ist die Wachstumslüge, ein Schuldgeldsystem wächst nicht, weil es will, es wächst, weil es muss und damit versucht, seinem unentrinnbaren Schicksal der Zahlungsunfähigkeit zu entgehen.

Der Geldschein als Beweis

Ziemlich sicher werden Sie die Frage, wem der Geldschein gehört, der sich in Ihrer Geldbörse befindet, als sehr naiv empfinden. Wem soll dieser Schein schon gehören? Ihnen natürlich, wem sonst. Es spricht ja auch alles dafür, dass dieses Geld Ihnen gehört. Sicher war diese Banknote Teil des Lohnes, den Sie für Ihre Arbeit erhalten haben. Und mit der Verrichtung Ihrer Arbeit haben sie diesen 10, 20, 50 oder 100 Euro, Dollar, Yen, oder welche Währung auch immer, Schein rechtmäßig erworben.

Was soll also diese dumme Frage?

Natürlich gehört dieses Geld mir.

Wirklich?

Ich würde Ihnen ja gerne glauben, dass es Ihr Geld ist. Wenn wir uns gemeinsam „Ihre" 20 Euro anschauen, werden sich die Besitzverhältnisse sicher schnell klären lassen.

Was ich auf der Vorderseite des 20- Euroscheins sehe, sind die Initialen der Europäischen Zentralbank in fünf Sprachen: BCE, ECB, EZB, EKT, EKP und die Unterschrift des damals regierenden EZB Präsidenten. Ist ja interessant, da erdreistet sich die Europäische Zentralbank, ihre Initialen auf „Ihren" Geldschein zu drucken und auch noch zu unterschreiben, auf den Schein, den Sie sich mit harter Arbeit erworben haben. Vielleicht finden wir auf der Rückseite einen Hinweis auf Sie als Besitzer des Geldscheins.

Aber auch hier Fehlanzeige. Jetzt wird es aber schwer für Sie zu beweisen, dass dieser Geldschein wirklich Ihnen gehört.

Nun will ich an dieser Stelle aufhören Sie zu quälen, denn die Wahrheit ist, dass sie gar nicht beweisen können, dass der Geldschein Ihnen gehört, **weil der Schein Ihnen nicht gehört**. Er gehört denen, die Ihre Initialen und Ihre Unterschrift auf diesen Schein gedruckt haben.

Er gehört der Europäischen Zentralbank und nicht Ihnen.

Ich weiß aus vielen Gesprächen, dass jetzt erst einmal die Verleugnung einsetzt und Sie sich heftig gegen diese Tatsache wehren. Ist ja auch eine schwer zu verdauende Erkenntnis, dass das Geld, das sie sich hart erarbeitet haben nicht Ihnen gehören soll. Schauen sie sich bitte den Schein noch einmal ganz genau an, da steht unmissverständlich beschrieben, wem er gehört. Und da sind Sie als Besitzer nicht genannt, weil Sie, wie schon gesagt, nicht der Besitzer sind.

Die Europäische Zentralbank hat Ihnen den Geldschein nur zur Verfügung gestellt, damit Sie, also wir alle, unsere Geschäfte damit tätigen können.

Ist doch wirklich nett von den Zentralbanken, dass sie uns diese bunten Scheinchen für unsere Geschäfte zur Verfügung stellen. Damit vereinfacht sie uns das Handeln sehr. Geldscheine zu verwenden ist zugegebener Maßen wirklich einfacher als 20 Eier mitzuschleppen, um im Café zum Beispiel eine Tasse Milchkaffee zu bezahlen. Wobei zur Verfügung gestellt vielleicht nicht das richtige Wort ist. Sie hat uns das Geld **geliehen**, mit der Auflage, es ihr zurückzuzahlen und zwar mit **Zins**.

Sie wenden ein, dass Ihnen die Zentralbank das Geld gar nicht geliehen hat, denn Sie machen grundsätzlich keine Schulden und haben sich dieses Geld, „Ihr" Geld, im Schweiße Ihres Angesichts erarbeitet, und der 20 Euro- Schein gehört Ihnen und damit Basta. Sie wollen von dem Schwachsinn, dass „Ihr" 20 Euro-Schein nicht Ihnen gehört nichts mehr wissen.

Kämpfen Sie ruhig weiter um den Erhalt dieser Ihnen beigebrachten Lüge, es ist nur zu gut zu verstehen, wie schwer es ist, die Wirklichkeit anzuerkennen. Denn schließlich haben Sie, so wie 99,9% Ihrer Mitmenschen, auf diese Lüge Ihr Leben aufgebaut. Es mag zwar richtig sein, dass Sie persönlich keine Schulden machen, aber jemand hat diese 20 Euro Schulden gemacht und Ihnen dann Ihre Arbeitsleistung mit einer zurückzuzahlenden Schuld bezahlt. Und noch viel gravierender ist, dass die Führung des Staates in Ihrem Namen jedes Jahr mehr und mehr Schulden macht. Im Moment haben Sie persönlich 22.000 Euro an Schulden (Staatsschulden), die Sie in monatlichen Raten als Steuern an die Staatsführung, und die weiter an die Banken, bezahlt. Aber in Ihrer Welt sind Sie der Besitzer des Gelscheines, und da kann niemand etwas daran ändern.

Ihre Wut, Ihren Frust, den Sie gerade verspüren, kann ich sehr gut verstehen. Schließlich hat man Ihnen beigebracht, dass das erarbeitete Geld Ihr Geld ist, und das ist, was Sie auch glauben sollen. Das ist, was Ihnen jeder Verantwortliche, dem Sie jemals vom Kindergarten bis zur Rentenstelle in Ihrem Leben begegnet sind „glaubhaft versichert" hat, und was auch 99,9% Ihrer Mitmenschen glauben. Dieser Glaube, dass Sie der Besitzer „Ihres" Geldes sind, ist die Grundvoraussetzung, dass der Betrug an uns allen funktionieren kann. Und wie gut dieser Betrug gelingt, zeigt die Geschichte. Er klappt schon seit Jahrhunderten. Nur so gelingt es den Bankern, uns das Schuldgeldsystem immer wieder auf die Augen zu drücken, ohne dass wir merken, dass das Geld, welches wir in Händen halten oder auf unseren Sparkonten oder Rentenkonten geparkt haben, gar nicht unser Geld ist.

Es ist alles, jeder Euro, jeder Cent deren Geld, das Geld der Banker. Was für die Banker Geld ist, ist für uns ein Schuldschein, den wir von Einem zum anderen schieben.

Wenn sie wollten, könnten die Banker jederzeit alle unsere Ersparnisse sofort zurückverlangen. Die Banker haben als Besitzer des Geldes jederzeit das Recht dazu. Warum sie es nicht tun, ist ganz schnell erklärt. Weil es dann auch für sie keinen Wert mehr hätte. Nur solange wir das Geld der Banker benutzen, solange arbeiten wir für sie.

Wie kommt denn Geld überhaupt in die Welt?

Schauen sie sich die bekannten Banknoten der Welt an. Da steht es drauf, nicht genau wie der Vorgang ist, das sollen Sie ja nicht wissen, denn dann würden Sie den Betrug sofort durchschauen, aber es steht immerhin drauf, wer das Geld in Umlauf bringt, und **wem es gehört**.

Auf unseren Euros steht EZB, auf dem alles beherrschenden Dollar steht Federal Reserve Note, auf dem Yen bestätigt die japanische Zentralbank ihre Eigentümerschaft. Alle diese zentralen Notenbanken sind in ihren Ländern die jeweils Einzigen, denen es erlaubt ist, Geld zu drucken und in Umlauf zu bringen.

Diese Banken können das Geld ohne Erstellung einer Leistung drucken, sie brauchen nur jemanden, der dieses Geld annimmt, und mit dieser Annahme aus dem noch wertlosen Geldschein der Zentralbank einen werthaltigen Schein macht. Aber er bekommt diesen Geldschein nicht geschenkt. Die Banknote bleibt Eigentum der Zentralbank und muss dieser, wie es üblich für einen Kredit ist, nach einer definierten Zeit wieder zurückgegeben werden. Und nicht nur das, der Schein, der durch den Kreditnehmer erst werthaltig wurde, muss durch diesen nach Ablauf der Kreditzeit mit **Zins** zurückgezahlt werden.

Egal welchen Euro, Yen oder Dollarbetrag Sie in Ihren Händen halten oder auf Ihrem Konto geparkt haben, es ist ein zurückzuzahlender Betrag, der **mit Zinsen** zurückzuzahlen ist.

Alles Geld ist Schuld.

Alles Geld, das Sie haben, sehen oder von dessen Existenz Sie gehört haben, ist Kredit, also Schuld, die zu bezahlen ist. Und wir alle, die wir dieses Geld „sparen" oder verwenden, zahlen für dessen Verwendung eine Gebühr.

Den Zins.

Aber das mit dem Zins sagt man Ihnen natürlich nicht.

Da Sie sich wie alle wundern, weshalb wie nach einem Naturgesetz ihr Geld immer stärker an Kaufkraft verliert, erzählt man Ihnen, dass sie diese Tatsache der bösen Inflation zu verdanken haben. Und man erklärt Ihnen gleichzeitig, dass Inflation steigende Preise sind, und weil die Preise so stark steigen, können Sie sich immer weniger leisten.

Mehr Lüge verpackt in ein Wort geht nun wirklich nicht mehr.

Der Grund, weshalb sie sich Jahr für Jahr weniger für dasselbe Geld kaufen können, ist das Schuldgeldsystem, mit dem die Zentralbank „Ihrem" 20 Euro-Schein Jahr für Jahr mindestens den geltenden Zinssatz an Kaufkraft entzieht. Da Sie deren Schuldgeld verwenden, haben sie keine Chance, diesem Mechanismus zu entgehen. Sie verwenden das Geld der EZB, und die hat das Recht, von Ihnen diesen Teil des von Ihnen verwendeten 20 Euro- Scheins zu entnehmen. Jahr für Jahr, unaufhörlich.

Also verliert Ihr 20 Euro-Schein pro Jahr, gehen wir von 3% aus, 0,60 Euro an Kaufkraft. Da sie aber wahrscheinlich nicht nur über 20 Euro verfügen, verlieren Sie natürlich an die Zentralbank mehr als nur diese 0,60 Euro pro Jahr. In Wirklichkeit verlieren sie noch viel mehr an Kaufkraft, denn ihr Geld wird nicht nur um die Ihnen offiziell mitgeteilten 3% „Inflationsrate" entwertet, sondern um ca. 9%.

Wie ich auf diese 9% komme? Diese 9% sind die Steigerung der Geldmenge, die wir im Euroraum Jahr für Jahr erleben. Jedes Jahr druckt die Zentralbank 9% mehr Einkommen für sich und Schuld für uns. Und das ist der Betrag, um den der Wert des Geldes sinkt. Denn die Banker sind so clever, dass sie nicht nur die 3-4% **Zins** als neue Schuld drucken, sondern wie beim Metzger: „Darf's ein bisschen mehr sein" gleich nochmal 5% dazu. Dafür dürfen wir uns alle, denen in der Regel dann vom Staat, der diese neuen Kredite in unserem Namen aufnimmt, dieses Geld zur Verfügung gestellt wird, mit den neuen Schulden etwas Schönes kaufen oder Rechnungen bezahlen.

Gehen wir mal davon aus, dass Sie für Ihren Lebensabend vorgesorgt und 80.000 Euro angespart haben. Dann verlieren Sie an den wahren Besitzer des Geldes pro Jahr 7.200 Euro an Kaufkraft. Diese 7.200 Euro bekommen die Banker von Ihnen ganz automatisch, ohne einen Finger dafür krumm zu machen, nur weil Sie deren Geld verwenden. Und Sie sehen den Verlust der Kaufkraft nicht einmal, denn die von Ihnen angesparten 80.000 Euro bleiben weiterhin 80.000 Euro. Sie können sich nur Jahr für Jahr wesentlich weniger an Waren für dasselbe Geld kaufen. Oder sie erhöhen Ihre Arbeitsleistung und Ihr Einkommen und merken deshalb nicht, dass Sie Jahr für Jahr einen Kaufkraftverlust haben. Sie merken erst, wenn Sie ausgebrannt sind und sich nicht mehr steigern können, dass irgendetwas gegen Sie läuft, aber nicht was gegen Sie läuft.

Wie machen die Banker das, dass Sie den Wertverlust nicht erkennen können?

Um Ihnen die Illusion zu geben, dass Sie in diesem Spiel zu den Gewinnern gehören könnten, zeigt man Ihnen, wie auch Sie aus Ihren 80.000 Euro „mehr machen" können, in dem man Ihnen tolle „Finanzprodukte" mit toller Rendite anbietet. Und siehe da, die meisten Menschen fallen auf diesen Trick herein und merken nicht, dass man ihnen in die linke Tasche 3% hinein gibt, um aus der rechten Tasche 9% heraus zu holen.

Aber die Banker haben noch mehr Tricks auf Lager, um uns auszubeuten, ohne dass wir es merken.

Sie nutzen als ihre stärkste Waffe den Staat.

Anstatt die Gebühr für die Benutzung „Ihres" Geldes sofort abzuziehen, stunden die Banker Ihnen diese Gebühr und leihen Ihnen (hauptsächlich über den Staat) noch mehr Geld, damit die Zinsen für das vergangene Jahr von uns allen bezahlt werden können. Sie leihen uns, und die meisten merken gar nicht, dass sie persönlich für diese Schulden einstehen müssen, Geld für Konjunkturprogramme, Investitionen in die Zukunft, etc. etc. So kommt „Ihr" 20 Euro- (Schuld-) Schein in die Welt, ohne dass Sie es merken und diesen Schein fälschlicherweise für „Ihren" Schein halten. Das Einzige, was Ihnen an diesem Schein gehört, ist die **Schuld**, die mit 20 Euro plus Zins auf dem 20 Euro-Schein lastet.

Und da ist dann noch die Nummer mit der **Inflation**, mit der man Ihnen den Blick auf die Wirklichkeit verstellt.

Nicht die Preise steigen, wie man nicht müde wird, Ihnen zu erzählen, sondern die Geldmenge, die die Zentralbank in Umlauf bringt, steigt. Und das bedeutet wiederum, der Wert jedes einzelnen Euros nimmt in Relation zur Warenmenge ab. Die Preise bleiben stabil, aber der Wert des Geldes sinkt, und deshalb müssen Sie für den Kauf derselben Warenmenge mehr Geld aufwenden.

Und so klärt sich eine andere Lüge auf, die Ihnen „helfen" soll, sich Schritt für Schritt enteignen zu lassen. Was Sie im Laden als unangenehm und immer teurer werdende Produkte erleben, ist in Wirklichkeit das Sinken des Geldwertes, um die „Gebühr", also den Zins die auf jeden dieser den Banker gehörenden Geldscheinen zu bezahlen ist. So merken Sie nicht, dass sie bis zur vollständigen Enteignung für die Banker arbeiten. Und mit dem Teil Ihrer Kaufkraft, die jedem Bürger entzogen wird, gehen nun die Banker ohne Skrupel shoppen und lassen sich von Ihnen als erfolgreiche Männer anhimmeln und feiern.

Daran sollten sie unbedingt denken, wenn Sie das nächstemal einen Ausländer, der ein paar Hundert Euro bekommt, oder einen Hartz 4 Empfänger, der ums Überleben kämpft, als Schmarotzer beschimpfen. Die wahren Schmarotzer, die Sie, Ihre Vorfahren und Ihre Kinder regelmäßig in die totale Verarmung getrieben haben und noch treiben werden, sind die Banker, die uns alle in das Schuldgeldsystem gelogen haben.

Und weil wir schon bei dem Thema totale Verarmung sind: wenn Sie sich die 80.000 Euro für Ihre Altersversorgung zurückgelegt haben, dann habe ich eine richtig schlechte Nachricht für Sie. Sie haben sich von Ihrer Lebensleistung 8.000 10 Euro-Scheine oder 4.000 20 Euro-

Scheine oder 800 100 Euroscheine in **Schuldscheinen also in NICHTS** zurückgelegt.

Sie haben Ihre Altersversorgung in Geld angelegt, das der EZB gehört. Sie haben Ihre Altersversorgung in Schulden angelegt, von dem die Banker Jahr für Jahr in aller Ruhe ihren Anteil abknabbern.

Denken Sie weiter, wenn sie in Ihrem Arbeitsleben 30 oder 40 Jahre lang monatlich von Ihrem Gehalt z.B. 300 Euro in die Rentenversicherung einbezahlt haben und Ihr Arbeitgeber nochmals dieselbe Summe für Sie aufgewendet hat, dann haben Sie und Ihr Arbeitgeber nach 40 Jahren 288.000 Euro einbezahlt. Abgesehen davon, dass Sie dieses Geld per Gesetz im Umlageverfahren sowieso nicht für sich angespart haben, haben Sie sich eine Rentenanwartschaft in Euro erworben.

Also in Einheiten, die nicht Ihnen, sondern der Zentralbank gehören. Auch in diesem Fall nehmen sich die Banker ihren Anteil Ihrer Rentenanwartschaft. Nichts bleibt vor den Bankern verschont.

Gelobt sei das Schuldgeldsystem.

Sie glauben, das ist alles Blödsinn, den ich Ihnen hier erzähle, denn schließlich erhalten Ihre Eltern auch eine Rente in Euro und können davon gut leben, und genauso wird es Ihnen auch ergehen. Träumen Sie ruhig weiter, denn der Unterschied zwischen Ihren Eltern und Ihnen ist, dass Ihre Eltern **am Anfang des Schneeballsystems Schuldgeld gelebt haben und Sie am Ende des Schneeballsystems leben.**

Sollten Sie ein schuldenfreies Haus, Grundstück, Gold, Silber oder einen Vertrag, der über eine bestimmte Kalorienmenge oder Pflegeleistung für Ihr Alter angespart ist verfügen, dann haben Sie wirklich vorgesorgt, denn da, wo Ihr Name darauf steht, das gehört Ihnen auch!

Wenn nicht, haben Sie für Ihr Alter nichts, absolut rein gar nichts. Sie haben nur Scheine, die nicht Ihnen, sondern der Zentralbank gehören.

Abschließende Frage.

Wenn Sie Banker wären, würden Sie wollen, dass die Bevölkerung erkennt, dass das Geld, das sie tagtäglich verwenden und von dem Sie unerschütterlich überzeugt sind, dass es Ihr Geld ist, erkennen, dass es das Geld der Banker ist?

Wenn Sie sich immer noch gegen diese Wahrheit sträuben, habe ich volles Verständnis für Sie. Es widerspricht auch allem, was uns von Politik, Wirtschaft, Medien und sogenannten Wirtschaftsexperten eingeredet wurde. Und ein ganz wichtiger Faktor, der der **Geldlüge** hilft, sich vor Ihnen zu verstecken, ist die Größe des Systems.

Lassen Sie sich nicht zuviel Zeit mit dieser neuen Erkenntnis.

Soziale Marktwirtschaft und andere „Witze"

Das Schuldgeldsystem mit Zins ist ein einziges „Schwarzer Peter" Spiel, indem jeder versucht, den schwarzen Peter der Zahlungsunfähigkeit an den nächsten weiter zu geben, in der Hoffnung, er selbst könne dem Bankrott entgehen.

So wie es dem Individuum durch immer größeren Einsatz durchaus gelingen kann, der eigenen Zahlungsunfähigkeit zu entgehen, so wird es dem Einzelwesen nicht gelingen, der kollektiven Zahlungsunfähigkeit entgehen zu können. Das einzige, das dem einzelnen Menschen in diesem Schuldgeldsystem übrig bleibt ist, dem Kollegen, dem Nachbarn, ja sogar dem Freund den Schwarzen Peter der Zahlungsunfähigkeit zuzuspielen.

Wie das funktioniert, sehen sie an dem täglichen Krieg, den die meisten Menschen an ihrem Arbeitsplatz und jetzt schon in der Schule und bald auch im Kindergarten führen. Auch wenn die meisten nicht erkennen, dass ihr öffentliches Leben weniger mit Arbeit und Leben, sondern mehr mit Krieg zu tun hat, zeigen die schon fast **epidemisch zunehmenden psychischen Erkrankungen** genau diese Wahrheit schonungslos auf.

Diese Zahlen zeigen auch sehr eindrucksvoll auf, dass die Mehrzahl der Menschen zu allererst Krieg gegen sich selbst führen.

Krieg gegen die eigenen Gefühle, die ihnen schon längst signalisieren, dass sie genug von dieser Art zu leben haben. Genug davon, reduziert zu sein auf die Funktion als Arbeitskraft, Steuerzahler und noch viel wichtiger, als Konsument. Aber ihre Erziehung hin zu "Leistungsträgern" und weg vom einfachen Menschen, der durchaus müde ist, keine Lust zu arbeiten hat und auch faul sein möchte, verhindert es ihnen, Entscheidungen zu treffen, die sie befürchten lassen müssen, aus der Gemeinschaft der "Leister", die alles ertragen können, ausgeschlossen zu werden. Und diese Befürchtung besteht zurecht, denn wie auch in den anderen Industrienationen ist es den "Eliten" gelungen, mit der Taktik des "Teile und Herrsche" die Menschen in einen **kollektiven Leistungs- und Konsumwahn** zu treiben, der sie mit jedem, und zu allererst mit sich selbst, in Krieg versetzt.

Der Wunsch des wahnsinnigen Diktators Adolf Hitler, wie die Deutsche Jugend zu sein hat, lebt jetzt nicht nur in Deutschland weiter, sondern hat die ganze Welt vergiftet.

"Flink wie Windhunde, zäh wie Leder und hart wie Krupp-Stahl". Dieser Irrsinn befeuert heute die weltweite Arbeitswelt, nur in moderne Sprache übersetzt. Heute wird gefordert "jung, dynamisch und cool" zu sein. Und dass, befeuert durch die Lüge der Banker, wenn die Menschen nur immer schneller immer mehr arbeiten, ihnen diesmal das Schicksal von Verarmung, gesellschaftlichem Zerfall und Krieg erspart bliebe.

Es gibt keine Chance, durch welche Maßnahme auch immer, dem Mechanismus der Überschuldung, dem Wirtschaftszusammenbruch und anschließenden Vertuschungskrieg, im Schuldgeldsystem mit Zins zu entrinnen.

Diese Wachstumslüge dient nur einer einzigen Gruppe. Den Bankern, die durch die Gutgläubigkeit der Menschen, die versuchen, wenigstens diesmal durch Fleiß und Innovation und "bessere" Politik dem Zusammenbruch und seinen Folgen zu entgehen. Dem Personenkreis, der sich parasitär durch eben diesen Fleiß und die Lebensleistung der braven, dumpfen Masse einen unaussprechlichen Reichtum und Macht erarbeiten lässt. Und eben diese Banker, treiben dann die Welt genauso regelmäßig in Kriege, um diesen Sachverhalt zu vertuschen. So wiederholen wir Geschichte immer und immer wieder.

Und stehen so schon wieder am Vorabend einer solchen Vertuschungsaktion. Denn auch unsere Generation, so wie die Generationen vor uns, ist denselben Lügen aufgesessen und bricht jetzt unter der Schulden- und Zinslast zusammen und darf daher mit denselben Mechanismen rechnen.

Noch ein Wort zu den Träumern, die immer noch dem vergangenen Wirtschaftswunder und der sozialen Marktwirtschaft hinterher trauern.

Das Wirtschaftswunder war kein Wunder!

Was anderes als Aufbau soll eine Gesellschaft betreiben, die in den Jahren zuvor die halbe Welt kurz und klein geschlagen hat? Was anders sollte diese Gesellschaft tun, nachdem sie ihre Größenfantasien vom Herrenmenschen und die Vertuschung der Pleite ihres so verklärten nationalsozialistischen wunder- und heilbringenden Staates und seinem mit massiver Verschuldung erzeugten "Wirtschaftswunders" mit der eigenen totalen Zerstörung bezahlt hatte?

Exakt, sie konnte nur wieder von vorne anfangen.

Und wenn das, was dem 2. Weltkrieg folgte, ein Wirtschaftswunder gewesen sein soll, dann war dieses Wirtschaftswunder das Ergebnis eines kollektiven Massenwahns, der dem Wirtschaftswunder vorausgehend nicht nur die halbe Welt in Schutt und Asche gelegt hatte, sondern auch noch 60 Millionen Menschen den Tod brachte.

Und so wenig "Wirtschaftswunder " der Wiederaufbau Deutschlands war, so wenig sozial war die sogenannte soziale Marktwirtschaft.

Das einzig soziale an der Marktwirtschaft war, dass nach Staatsgründung die Schuldenlast der Bürger und des Staates so gering, der Bedarf nach Arbeitskräften durch die geringe Automatisierung so groß und ihre Bezahlung so gut war, dass sich auch von Arbeitnehmergehältern leben und sparen ließ.

Und genau dieser Zustand fing an, sich zu verschlechtern, als die Schuldenlast immer spürbarer wurde und damit auch der Druck zur Automatisierung die Arbeitskraft immer weniger konkurrenzfähig machte.

Es ist nichts anderes passiert, als das, was mit einem Schuldgeldsystem immer passiert, der **Zyklus von Aufstieg- Plateau- und Abstieg mit anschließendem Zusammenbruch und in aller Regel Krieg.**

Der Wohlstand, den sich die Arbeiter der "Wirtschaftswunderzeiten" erarbeitet hatten, war nichts anderes als der Kollateralschaden, den die Banker der Bevölkerung zugestehen mussten, solange die technischen Möglichkeiten noch nicht vorhanden waren, ohne die Arbeitnehmer auszukommen. Sie finden, dass die Banker da zu kurz gedacht haben, denn schließlich sind Menschen, die Arbeit haben, ja auch Kunden, von denen sie wieder profitieren können?

Machen Sie sich mal keine Sorgen über die kalkulatorischen Fähigkeiten unserer Banker.

Arbeitslose Menschen fallen ja als Kunden nicht aus. Und noch viel wichtiger, mit genügenden Arbeitslosen können sie den Druck auf die arbeitende Bevölkerung ausüben, den sie brauchen, um Dinge durchzudrücken, die sie bei einer Vollbeschäftigung niemals zur Steigerung ihres Profites durchzusetzen zu träumen wagen würden.

Sie kassieren Feiertage ein, senken Krankentage, streichen Weihnachtsgeld, senken Zulagen erhöhen die Arbeitsanforderungen, senken die Belegschaft, ohne dass gemurrt wird und viele andere "Nettigkeiten", von denen jeder Arbeitnehmer sicher viele Geschichten erzählen kann. Das steigert die Unternehmensgewinne und damit ihren Aktienwert. Nicht zuletzt muss natürlich auch mit Steuergeld für die Arbeitslosen zugeschossen werden.

Was das bedeutet, lässt die Banker-Augen glühen. Mehr Schulden. Und mehr Schulden bedeutet mehr Zinsen, und das bedeutet wiederum mehr Einkommen für die "lieben" Banker.

Und da sage noch mal einer, Arbeitslose seien eine Belastung.

Mit der sozialen Marktwirtschaft verhält es sich wie mit den verklärten Erinnerungen eines Drogenabhängigen.

Fragen Sie mal einen Alkoholiker oder einen Abhängigen anderer Drogen, dessen Körper von der Droge völlig ruiniert ist, wie es denn war, als er damit anfing. Am Anfang waren Euphorie und tolle Erlebnisse, damals war natürlich alles besser als heute, da ging es ihm noch gut, und dieser blöde Stoff war damals auch viel besser als heute. Dabei ist er nur derselben Täuschung aufgesessen wie die, die glauben, unser Wirtschaftssystem sei jemals sozial gewesen. Mit dem ersten Schuss fing sein Untergang an, und mit dem ersten Schuldgeld fing unser Untergang an.
Und genau das ist das Problem, vor dem die gesamte Menschheit steht, sie weiß nicht, dass sie den immer selben Mechanismen folgt

und sich wieder in einen Krieg drängen lassen wird, der keinen anderen Grund hat, als die Lüge der Banker und das Schuldgeldsystem mit Zins zu verschleiern.

Mr. A Mr. B und Mr. Banker- Entzauberung einer Utopie

Für die, für die die Vorstellung vom Gelddrucken aus dem Nichts zu fantastisch ist und die der weit verbreiteten Meinung anhängen, dass Reichtum nur durch harte Arbeit geschaffen werden kann: Schauen wir uns diese "allgemeine Wahrheit" einmal genauer an.

Die Vorstellung, dass die Produktion von Gütern Reichtum schafft, ist in ihrem Kern richtig. Wie wir schon am Anfang festgestellt haben, besteht der 100% Zusammenhang zwischen einer erbrachten Leistung und der Vermehrung von Gütern. Wer jetzt aber glaubt, dass damit auch die Vermehrung von Reichtum gemeint ist in der Form, wie wir heute Reichtum messen, den muss ich leider enttäuschen.

Unser Maßstab für Reichtum ist Geld.

Wir führen keine Statistik darüber, ob wir 3 Millionen Autos, 2 Millionen Kühlschränke, 700 Wohnzimmerschränke oder was auch immer exportiert haben und ob unser Bruttosozialprodukt aus eben den produzierten Autos, Butter, Kleidern und andern Gütern besteht, sondern wir messen, für wie viele Euros wir Waren produziert haben. Und wenn wir die Veränderung messen, dann messen wir, ob unser Bruttosozialprodukt um 3% von 3000 Mrd. Euro auf 3090 Mrd. Euro gestiegen ist.

Wir drücken die Veränderung nicht dadurch aus, dass wir die Veränderung der Anzahl jeden Produktes oder jeder Dienstleistung, die erbracht wurde, mit der Anzahl des Vorjahres vergleichen. Wir messen einfach nur die Veränderung in Geldwert. Und genau da liegt der Haken.

Durch diesen Mechanismus lässt sich ein "Wachstum" alleine durch ein Geldmengenwachstum erzeugen, ohne dass zwangsläufig ein Mehr an Produktion stattfinden muss.

Um diesen Mechanismus zu erklären, möchte ich zu einer Hilfskonstruktion greifen, anhand derer sich zeigen lässt, dass sich durch Arbeit kein echter Reichtum in Geldwert schaffen lässt und dass Schuldgeld, wie wir es in unserem System haben, keinen Reichtum in Waren schafft, sondern nur Versklavung der Masse.

Zugegeben, die Wirklichkeit, die das Schuldgeldsystem schafft, ist in einer Welt von fast 7 Milliarden Menschen und bei diesen Summen die täglich um den Globus gejagt werden, kaum mehr zu erkennen. Und zu den, aufgrund der schieren Größe bestehenden Schwierigkeiten, den im Grunde einfachen Betrug zu durchschauen, kommen dann noch die Wirtschaftsexperten mit ihren Nobelpreisen für Wirtschaft. Diese "Experten" setzen dann der ganzen Betrugsverschleierung mit ihren "Erklärungen", wie die Weltwirtschaft angeblich funktioniert, dann noch die Krone auf. Als Dank für diese Verschleierung erhalten sie von den „Eliten" für diesen Expertenunfug einen Preis und vom verdummten Volk endlose Wertschätzung.

So wird den Menschen dann vollends der Blick auf die Wirklichkeit verstellt.

Gehen wir also den Weg, den auch die Ingenieure gehen, wenn sie große Objekte wie Flugzeuge, Schiffe oder Brücken testen und verstehen wollen. Verkleinern wir das System auf einen Maßstab, mit dem wir den Überblick zurück gewinnen und die Wirklichkeit erkennen können. Brechen wir den Gebrauch von Geld auf die kleinste mögliche Einheit herunter, die für ein Geldgeschäft bestehen muss. Betrachten wir die zwei Marktteilnehmer, die es mindestens braucht, um Wirtschaft zu betreiben. Und nehmen wir weiter an, sie verwenden Geld als Zahlungsmittel.

Geld (Vorsicht, nur wenn es kein Schuldgeld ist) macht als Mittel der Wertspeicherung auf jeden Fall einen Sinn. Denn die beiden tauschen ja nicht nur Waren miteinander aus, sondern auch Dienstleistungen. Und im Falle der Dienstleistung ist der Geldschein auch gleichzeitig das Dokument, das beurkundet, dass Mr. A der Mr. B einen Dienst erwiesen hat, jetzt das Recht auf einen Dienst oder eine Ware von Mr. B hat.

So ist der Geldschein auch gleichzeitig eine Urkunde dafür, dass ich meine geleistete Arbeit nicht umsonst verrichtet und mir mit dieser verrichteten Arbeit das Recht auf eine Ware oder einen Dienst erworben habe.

Um, die Betrachtung so übersichtlich wie möglich zu halten, legen wir fest, dass Mr. A und Mr. B über 100 Euro verfügen.

Wenn die Beiden, die auf einander angewiesen sind, sich gegenseitig einen Dienst erweisen, fließen die Euro-Scheine, die sie zur Verfügung haben, von Mr. A zu Mr. B und wieder zurück. Sie werden sicher sofort erkannt haben, dass, egal wie sehr die Beiden sich auch anstrengen, es ihnen nicht gelingen wird, zu mehr Geld als zu 100 Euro zu kommen. Denn sie haben ja nur diese 100 Euro. Und rein zufällig gibt es in dem Land, in dem Beide leben, zwar alle zum Leben notwendigen Rohstoffe und ein Klima, in dem alle Pflanzen prächtig wachsen und gedeihen, aber leider gab es gerade mal so viel Tinte und Papier, um diese 100 Euro herzustellen. Weitere Geldscheine können aufgrund von Papier und Tintenmangel nicht mehr hergestellt werden.

Viele werden jetzt annehmen, dass die Beiden deshalb zu einem Leben in ewiger Armut verdammt sind.

Wenn Sie ebenfalls diese Meinung vertreten, dann gehören Sie zu denen, bei denen die Propaganda der Banker zu 100% gefruchtet hat. Sie sind den Bankern voll auf den Leim gegangen und haben anstatt ihrer echten Bedürfnisse und Lebensqualität das Geld in den Mittelpunkt Ihres Denkens und Handelns gestellt.

Und zwar das Geld der Banker.

Schauen wir uns mal an, ob Mr. A und Mr. B wirklich zu einem Leben in ewiger Armut verdammt sind, nur weil sie nicht mehr Geld als 100 Euro zur Verfügung haben.

Mr. A ist Landwirt, Handwerker, Fischer und verfügt noch über viele andere Talente, die er gut nutzen kann in einer Gesellschaft, in der man zum Überleben alles selbst herstellen muss.

Mr. B ist ebenfalls Landwirt, Handwerker, Fischer und verfügt ebenfalls wie Mr. A über multiple Talente. Idealerweise ergänzen die beiden sich sehr gut. Die Arbeiten, die Mr. A Schwierigkeiten bereiten, sind für Mr. B eine Kleinigkeit und umgekehrt. So verkaufen sich die Beiden die Waren, die sie benötigen, und leisten sich auch gegenseitig notwendige Dienste. So fließt Geld von Einem zum Anderen. Sie bestimmen in beiderseitigem Einvernehmen, wie viel eine Dienstleistung oder Ware wert ist. Eine Ware oder Dienstleistung kann niemals mehr als 100 Euro kosten, denn beide wollen keine Schulden machen. Beide lieben das Gefühl, nicht in der Schuld des Anderen zu stehen, denn dieses Gefühl lässt sie abends gut einschlafen.

Jetzt ergibt sich aber die Frage: Wie lösen die Beiden das Problem, wenn sie vom jeweils Anderen eine Dienstleistung oder Ware brauchen, die sehr aufwendig und umfangreich ist und unserem Verständnis nach teurer als 100 Euro sein müsste?

Gegenfrage: Weshalb muss eine Dienstleistung oder Ware überhaupt teurer als hundert Euro sein? Auch für unsere Beiden ist es möglich, vom Rasen mähen bis Hausbau alles in diese 100 Euro zu packen.

Wie das gehen soll? Schauen wir es uns an.

Wenn Sie bereit sind, sich vom Geld als Inhalt und Arbeitsgrund zu lösen und ihm wieder den Stellenwert zumessen, der ihm zusteht, ist die Lösung der Frage, wie die Beiden es schaffen , sich gegenseitig umfangreichere Waren oder Dienstleistungen zu verkaufen, nicht schwierig. Wenn, angenommen, Mr. A ein Haus bauen möchte, für dass er die Hilfe von Mr. B 100 Stunden lang benötigt, müsste er in einer reinen Tauschwirtschaft für Mr. B ebenfalls genau 100 Stunden Arbeit leisten, um mit Mr. B wieder Quitt zu werden.

Wir haben aber gesagt, dass Mr. A und Mr. B Geldscheine verwenden, und wenn Mr. A jetzt Mr. B nach 100 Stunden für seine geleisteten Dienste bezahlt, bekommt Mr. B von Mr. A 100 Euro.

Die Geldscheine sind dann also nichts anderes, als die Bescheinigung dafür, dass die jeweilige Arbeit geleistet wurde.

Da Mr. B 8 Stunden täglich bei Mr. A gearbeitet hat, hat Mr. B bei einem vereinbarten Stundenlohn von einem Euro, am 13 Tag seine 100 Euro Gehalt bezogen. Sie werden sicher einwenden, dass Mr. B für diese harte Arbeit einen Hungerlohn bezogen hat. Was ebenfalls sehr nachteilig in ihrer kleinen Welt ist, ist, dass Mr. B 13 Tage warten muss, bis er über Geld verfügt, mit dem er sich dann von Mr. A eine Ware oder Dienstleistung kaufen kann. Aber schauen wir weiter, ob nicht auch dieses Problem zu lösen ist.

Da sowohl für Mr. A als auch für Mr. B der lange Zeitraum ein Problem darstellt, denn auch Mr. A muss warten, bis Mr. B genügend Geld zur Verfügung hat, um von ihm Ware einzukaufen. Vor allen Dingen muss Mr. A, wenn er Mr. B bezahlt hat, ebenfalls lange für Mr. B arbeiten, denn sie haben ja einen Preis pro Arbeitsstunde von 1 Euro vereinbart, bis auch er genügend Geld zur Verfügung hat, um Ware von Mr. B kaufen zu können.

Und logischerweise wird der Warenpreis bei einem Arbeitspreis von einem Euro pro Stunde ebenfalls geringer ausfallen, als bei einem höheren Stundenlohn. Sieht aus, als ob die, die die beiden zu ewiger Armut aufgrund ihrer kärglichen 100 Euro verdammt sehen, Recht haben.

Aber nicht so schnell.

Mr. A und Mr. B kommen jetzt überein, am Ende des Arbeitstages den Lohn auszubezahlen. Sie vereinbaren, dass Mr. A an Mr. B nach 8 Stunden Hilfe beim Bau seines Hauses von ihm 100 Euro bekommt. Mr. B hat jetzt an diesem einen Tag 100 Euro verdient, was einen Stundenlohn nach 8 Stunden Arbeit von 12,5 Euro ergibt.

Wenn Mr. A am nächsten Tag 8 Stunden lang für Mr. B den Rasen gemäht, die Schweine gehütet, die Ställe ausgemistet hat, erhält er von Mr. B am Abend ebenfalls 100 Euro. Damit kann Mr. A jetzt Mr. B am nächsten Tag wieder 8 Stunden bei seinem Hausbau beschäftigen und ihm am Abend wieder 100 Euro als Lohn für die geleistete Arbeit in Form der Urkunde für geleistete Arbeit, also der Geldscheine, geben, und so hat Mr. B wieder das Recht auf Ware oder Dienstleistung erworben.

Beide verdienen jetzt monatlich bei 22 Arbeitstagen 2200 Euro.

Jetzt möchten beide ihren gegenseitigen Handel noch weiter intensivieren und kommen überein, den Lohn für gegenseitige Arbeit stündlich auszuzahlen.

So übergibt Mr. A an Mr. B den Arbeitslohn für die Mithilfe am Hausbau nach einer Stunde. Er bezahlt Mr. B mit 100 Euro. Mr. B kauft dafür ein Schwein bei Mr. A. Der übergibt ihm nach einer Stunde wieder die durch den Verkauf des Schweins eingenommenen 100 Euro. Dafür kauft Mr. B sofort 15 Hühner von Mr. A, der ihm wiederum nach einer weiteren Stunde 100 Euro Lohn ausbezahlt.

Da kann man mal sehen, was man sich mit einem Stundenlohn von 100 Euro oder einem Monatslohn von 17.600 Euro bei 22 Arbeitstagen bei einer täglichen Arbeitszeit von 8 Stunden alles leisten kann.

Wie geht das bei einer zur Verfügung stehenden Geldmenge von 100 Euro? Ist doch unmöglich, oder?

Es ist sehr wohl möglich. Rechnen sie bitte selbst nach.

Mr. A und Mr. B, haben nichts anderes gemacht, als die **Umlaufgeschwindigkeit des Geldes zu verändern**.

Weshalb sollten diese Beiden also nicht in der Lage sein, sich einen zufriedenstellenden Lebensstil zu erarbeiten, nur weil sie nicht mehr als 100 Euro zur Verfügung haben?

Geld hat ursächlich rein gar nichts mit Reichtum zu tun, auch wenn uns die Banker das eingeredet haben.

Reichtum hat mit der Produktion von Waren oder der geleisteten Arbeit zu tun. Und wenn unsere Beiden mehr Produkte oder mehr Dienstleistungen wollen, und wenn sie schnell, geschickt und fleißig sind, können sie jeden Tag ein Haus bauen und am Ende des Tages die 100 Euro ausbezahlen. Und bitte sagen sie jetzt nicht, dass sie trotzdem arm sind, nur weil sie nicht mehr als 100 Euro haben.

Die Geldmenge sagt überhaupt nichts über Armut oder Reichtum und Lebensstandart und Lebensqualität aus. Wenn wir Geld als das nehmen, als das es ursprünglich angedacht war, nämlich als Dokument und Wertspeicherung für geleistete Arbeit oder Ware, spielt die Menge des Geldes keine Rolle.

Glauben Sie vielleicht die Bäcker in Deutschland in den 20igern waren reich, nur weil sie Milliarden für ein Kilo Brot bekamen?

Die Geldmenge spielt nur dann eine Rolle, wenn die Parasiten und Schmarotzer mit ins Spiel kommen, die von der Lebensleistung Anderer leben.

Was wäre denn, wenn Mr. A und Mr. B mehr Geld hätten, Tausender, Zehntausender, Hunderttausender oder gar Millionen. Würde das an ihrer Lebenssituation etwas ändern, hätten sie dadurch einen größeren Wohlstand? Müssten sie deshalb weniger arbeiten, jetzt wo beide Millionäre sind. Wäre doch logisch, oder? Sie können sich doch jetzt mehr kaufen als vorher. Wir wissen doch genau, dass wir uns als Millionäre mehr leisten können, als als arme Schlucker.

Was würde sich im Leben von Mr. A und Mr. B ändern?

Bis auf den **Preis** für die Waren und Dienstleistungen würde sich überhaupt nichts ändern. Nicht eine Kuh, nicht ein Schwein oder eine Dienstleistung würde mehr entstehen, nur weil sie jetzt nicht über 100 Euro verfügen, sondern über Millionen. Sie würden sich wahrscheinlich jetzt für eine Kuh 10.000 Euro anstatt 100 Euro bezahlen, und Rasenmähen würde 1000 Euro anstatt 20 Euro kosten. Aber nach wie vor haben sie nur die Produkte und Dienstleistungen, die sie selbst erstellt haben.

Geld bringt keinen Reichtum, sondern nur die Leistung, die dahintersteckt.

Fazit: Unsere Beiden wären also sehr wohl in der Lage ein gutes Leben zu führen, obwohl ihnen zur gegenseitigen Bezahlung nur 100 Euro zur Verfügung stehen. Eine Erhöhung der Geldmenge würde ihr Leben nicht im Geringsten verändern. Nur ihr Fleiß, ihre Geschicklichkeit und Talente entscheiden über ihre Lebensqualität.

Hört sich genauso an wie die Welt, in der wir leben.
(Das war natürlich nur ein Scherz)

Wollen wir den Beiden die Welt, in der wir leben, bereiten?

Nichts leichter als das. Wir setzen den Beiden noch einen Dritten dazu. Das reicht schon aus, um aus ihrem komfortablen, selbst bestimmten Leben die Hölle zu gestalten, in die wir seit Generationen immer wieder geworfen werden?

Nicht ganz, es muss ein ganz bestimmter Mensch sein.

ES MUSS EIN BANKER SEIN !!!

Und dann ist das Leben der Beiden dem Untergang geweiht?

Garantiert!

Jetzt besteht unsere Gemeinde also aus Mr. A, Mr. B und Mister "Ich bin was Besonderes und wenn ihr auf mich hört, dann wird es euch immer gut gehen". Der Einfachheit halber nennen wir ihn Mr. Banker.

Stellen wir also die Gemeinde von Mr. A, Mr. B und Seine „Hochwohlgeborenheit" Mr. Banker auf Anfang zurück und nehmen an, dass Mr. A und Mr. B die Verwendung von Geld noch nicht kennen.

So, jetzt ist also der intelligente Banker mit in unserer Gemeinde, und nicht nur dass, er übernimmt selbstverständlich gleich die Führung unserer kleinen Gemeinde. Er überzeugt Mr. A und Mr. B davon, dass es viel einfacher ist Geld zu benutzen, anstatt immer die Waren direkt zu tauschen. Wenn einer eine Kuh möchte, dann müsste der Andere ihm dafür direkt 50 Hühner geben, was ziemlich umständlich wäre, besonders, wenn der andere im Moment nur 20 Hühner braucht. Diese Schwierigkeiten treten aber bei Verwendung **seines** Geldes als Tauschmittel nicht auf. Der, der die Kuh abgibt, bekommt anstatt der 50 Hühner den Gegenwert in Geld. So kann der Andere dann die Hühner nach und nach bei Bedarf kaufen, oder einige der Hühner und für den Rest eine Dienstleistung. Beide finden den Vorschlag des Bankers sehr vernünftig und willigen ein, ab jetzt bei jeder Transaktion Geld zu verwenden. Die Frage ist nur, wo sie das Geld herbekommen. Da weiß der Banker natürlich sofort eine Antwort. Von ihm natürlich.

Er hat für die Beiden schöne bunte Scheine entworfen und diese Scheine so kompliziert gestaltet, dass keiner sie nachmachen kann, und so können beide sicher sein, immer ein gültiges Zahlungsmittel in der Hand zu halten.

Nun übergibt der Banker ihnen die Geldscheine, nennt aber gleichzeitig die Bedingungen, unter denen sie dieses ihr Leben vereinfachenden Tauschmittel von ihm erhalten können. Selbstverständlich kann er ihnen das Geld nicht schenken, denn die Herstellung der Scheine hätte im einige Mühe breitet, und dafür müssten sie ihn bezahlen. Da Mr. A und Mr. B selbst für ihre Arbeit bezahlt werden wollen, sehen sie die Forderung des Bankers selbstverständlich ein. Er sagt ihnen, dass er ihnen die schönen bunten Scheine nur leihen kann, und sie müssten ihm die 100 Euro die er ihnen leiht, mit 10% Zinsen in einer Woche zurückzahlen. Die 10% seien der Lohn für seine Mühen.

Da Mr. A und Mr. B weder mit Geld noch mit Bankern bisher Erfahrung hatten, willigen Beide in die Forderung des Bankers ein, und Mr. Banker händigt ihnen nun die 100 Euro aus. So begeben sie sich, um keine Zeit zu verlieren, sofort an die Arbeit, treiben gegenseitigen Handel mit Waren und Dienstleistungen und finden die Vorhersage des Bankers, dass es doch viel einfacher ist, Waren und Dienstleistungen mit Geld zu bezahlen, anstatt immer Ware gegen Ware und Dienstleistung gegen Dienstleistung aufrechnen zu müssen, bestätigt. Als die Woche um ist, finden sich Mr. A und Mr. B wieder bei ihrem Banker des Vertrauens ein, der, wie es so schön in Abwandlung einer Werbekampagne einer Deutschen Bank heißt, den Weg für die Beiden frei gemacht hat, um, wie ausgemacht den Kredit zurückzuzahlen.

Sie geben ihm also die wunderschönen, fälschungssicheren 100 Euro-Scheine zurück und glauben, dass damit ihre Schuld beglichen ist. Aber jetzt haben sie ein Problem. Um in der nächsten Woche Handel zu treiben, fehlt ihnen jetzt das Geld. Mr. Banker weist sie noch darauf hin, dass das nicht ihr einziges Problem ist. Sie haben noch ein weiteres, denn sie schulden Mr. Banker ja immer noch die 10 Euro für die Zinsen. Doch sie können Mr. Banker kein weiteres Geld geben, denn woher sollen Mr. A und Mr. B die 10 Euro nehmen?

Da sie nicht wissen, wie sie die schönen Geldscheine nachmachen sollen und sich alle drei darauf verständigt haben, nur die Geldscheine von Mr. Banker zu benutzen, stellt sich jetzt natürlich die Frage, wie sich dieses Problem lösen lässt. Aber Mr. Banker hat auch dafür eine Lösung parat. Er bietet ihnen an, wenn Mr. A und Mr. B ihm einen Sack Weizen und 5 Hühner überlassen, streiche er die 10 Euro Schuld, mit der die Beiden bei ihm noch in der Kreide stünden. Froh darüber, damit keine Schulden mehr zu haben, stimmen Mr. A und Mr. B dem Vorschlag von Mr. Banker zu.

Nicht nur diesem Deal stimmen die Beiden gerne zu, sondern auch noch dem Vorschlag von Mr. Banker, ihnen ein weiteres Mal 100 Euro Kredit einzuräumen. Da sich Mr. A und Mr. B von den Vorzügen des Handelns mit Geld selbst überzeugen konnten, sind sie froh, wieder Geld zum Handeln zu haben. Da Mr. Banker sehr um das Wohl von Mr. A und Mr. B besorgt ist, schlägt er ihnen vor, dass sie die 100 Euro diesmal erst in 10 Wochen zurückzahlen müssen. Nur die Zinsen von 10 Euro sollen sie, da sie jetzt wieder über genügend Geld verfügen und damit in der Lage sind, die Zinsen mit Geld bezahlen zu können, ihm einfach einmal wöchentlich in den Briefkasten stecken. So bräuchten sie ihm diesmal auch keinen Weizen und keine Hühner als Zins zu geben.

Mr. A und Mr. B waren über diesen Vorschlag begeistert, denn 1. ließ Mr. Banker ihnen mehr Zeit, bis sie den Kredit zurückzahlen mussten, und zweitens bräuchten sie jetzt nichts von ihren kostbaren Gütern an den Banker abzugeben, denn sie würden ihn ja mit seinem eigenen Geld bezahlen. So nahmen sie die 100 Euro gerne entgegen und machten sich wieder frisch ans Werk. Abwechselnd steckte Jeder von ihnen wöchentlich Mr. Banker die 10 Euro für die Zinsen in den Briefkasten.

Nach 4 Wochen hatten Beide das Gefühl, dass etwas nicht stimme, egal, wie viel sie auch arbeiteten, ihr Geld wurde immer weniger. So verlangten sie für ihre Produkte und Dienstleistungen einen immer geringeren Preis, um den jeweils Anderen dazu zu bringen, wieder mehr zu kaufen, damit ihre Einnahmen wieder steigen konnten. Aber auch diese Strategie funktionierte nicht. Jeder hatte den anderen in Verdacht, ihn aushungern zu wollen, um das ganze Geld für sich behalten zu können. Da Beide immer härter für immer weniger Geld arbeiten mussten, trafen sie sich auch nicht mehr so oft wie früher, um miteinander zu reden und sich auszutauschen. Und ihr gegenseitiges Misstrauen machte sie sehr zurückhaltend, denn sie hatten ja nur den Verdacht und keinen Beweis. Daher sprachen beide ihren Verdacht nicht aus, denn keiner wollte als der Dumme da stehen.

Als die 10 Wochen um waren, gingen sie beide zu Mr. Banker um den Kredit zu bezahlen, und so wie Mr. A von Mr. B annahm, dass er die 100 Euro gehortet habe, so nahm das Mr. B von Mr. A an. Beide gingen davon aus, da sie bisher alles gemeinsam erledigt hatten, dass halt der andere die gemeinsame Schuld begleichen würde.

Als sie vor Mr. Banker standen und beide erkannten, über keinen einzigen Euro mehr zu verfügen, schauten sie sich erschrocken an. Wie konnte das denn passieren? Trotz der vielen Arbeit war ihr ganzes Geld weg! Womit sollten sie jetzt die immer noch vorhandenen Schulden von 100 Euro begleichen? Der Einzige, der jetzt über Geld verfügte, war Mr. Banker, und zwar über die gesamten 100 Euro. Und das Besondere daran war, dass Mr. A und Mr. B immer noch 100 Euro Schulden hatten, die sie nicht bezahlen konnten. Diesmal mussten sie ihm nicht nur Waren für 10 Euro überlassen, nein diesmal mussten sie Mr. Banker Waren für 100 Euro überlassen, um die ausstehenden Schulden zu begleichen.

Sie halten das für eine banale, leicht zu durchschauende Geschichte. Sie haben Recht. **Aber da drängt sich die Frage auf, weshalb durchschauen Sie diesen Sachverhalt im täglichen Leben nicht?**

Denn das ist, wie Schuldgeld mit Zins funktioniert.

Aber grämen Sie sich nicht zu sehr, dass sie den Betrug der Banker an Ihnen nicht nur nicht durchschauen, sondern ihn auch noch täglich mit der Benutzung des Bankergeldes unterstützen. Denn Sie befinden sich in der guten Gesellschaft einiger Milliarden Menschen, die diesen Betrug ebenfalls nicht durchblicken. Und was noch erschwerend dazukommt ist die Tatsache, dass die großen Bankdynastien Jahrhunderte Zeit hatten, diesen Schwindel der Bevölkerung vor die Nase zu setzen, aber geschickt vor deren Augen zu verbergen.

Wie haben sie das gemacht?

Lassen Sie uns die Geschichte von Mr. A und Mr. B weiterentwickeln. Das Schuldgeldsystem mit Zins ist der Elefant im Zimmer, der auf Grund seiner riesigen Größe übersehen wird.

Was passiert, wenn der Banker jetzt ebenfalls als Kunde auftritt?

So lassen wir das Spiel von vorne beginnen.

Mr. A und Mr. B erhalten 100 Euro für 10 Wochen zu 10% Zinsen. Die Zinsen sind wöchentlich zu bezahlen. Nach einer Woche zahlen sie die ersten 10 Euro Zinsen an Mr. Banker. Sie verfügen jetzt noch über 90 Euro.

Bitte nicht mit dem Besitz von 90 Euro zu verwechseln, denn sie besitzen kein Geld.

Das Geld gehört Mr. Banker und ist vollständig an diesen zurück zu zahlen, denn Mr. A und Mr. B benutzen dieses Geld nur!

Jetzt tritt Mr. Banker als Käufer auf, denn durch die Tatsache, dass Mr. A und Mr. B das von ihm gestaltete Geld als Tauschmittel gegen Ware oder Dienstleistung akzeptiert haben, ermöglicht es Mr. Banker, bei Mr. A und Mr. B Dienstleistung oder Waren zu erwerben.

Nach der ersten wöchentlichen Zinszahlung kauft Mr. Banker jetzt für 10 Euro Waren ein. Dadurch haben Mr. A und Mr. B wieder 100 Euro zur Verfügung. Nächste Woche dasselbe Spiel, Mr. A und Mr. B zahlen pünktlich ihre Zinsen, Mr. Banker kauft dafür jedes Mal bei Ihnen ein, und Beide erhalten dadurch "ihre" 10 Euro wieder zurück. Diesmal scheinen Mr. A und Mr. B auf dem richtigen Weg zu sein, denn das Geld wird im Gegensatz zum vorherigen Versuch nicht weniger. Sie wundern sich zwar, weshalb sie "ca.10%" mehr arbeiten müssen als normal, aber sie sind zufrieden, dass sie diesmal wenigstens ein gleichbleibendes Einkommen haben.

Als die 10 Wochen um sind, gehen sie zu Mr. Banker. Sie wissen jetzt, da sie schon etwas mehr Erfahrung mit Kredit und Zinsen gesammelt haben, dass sie diesmal schuldenfrei sind, wenn sie Mr. Banker die vollen 100 Euro, über die sie noch verfügen, zurückbezahlen. Auch die Verpflichtung, Zinsen zu bezahlen, stoppt in dem Moment, wenn sie schuldenfrei sind. Jetzt haben sie alles richtig gemacht und Mr. Banker ist doch ein guter Mensch, denn er hat ihnen ja vorausgesagt, dass sie die Zinsen mit seinem Geld bezahlen und ihm nichts von ihren schwer erarbeiteten Produkten als Zins geben müssen.

Nachdem Sie Mr. Banker die 100 Euro bezahlt haben, gehen sie schuldenfrei und zufrieden nach Hause. Am nächsten Tag sind sie nur darüber erstaunt, dass sie sich nicht gegenseitig, wie an jedem anderen Tag, ihre Produkte abkaufen. Sie nutzen den Tag um sich über die Erfahrungen der letzten 10 Wochen zu unterhalten und begreifen plötzlich, dass sie schon wieder von Mr. Banker reingelegt wurden. Denn die Wirklichkeit war, dass sie zwar Mr. Banker mit seinem eigenem Geld bezahlt hatten, aber er dafür von ihnen Waren gekauft hatte. Also haben sie Mr. Banker in Wirklichkeit doch Weizen, Hühner, Schweine und andere Köstlichkeiten als Zins überlassen.

Und wie stehen sie jetzt da? Schon wieder ganz ohne Geld, und nicht nur dass, der Einzige, der jetzt über Geld verfügt und ihre Waren abkaufen kann, ist Mr. Banker. Während sie sich gegenseitig nichts mehr abkaufen können. Jetzt haben sie die Nase endgültig voll von Mr. Banker und werden auf diesen Schurken kein drittes Mal mehr hören. Denn sie haben keine Lust mehr, für diesen Schmarotzer mitzuarbeiten. Wenn er Hunger hat, dann soll er gefälligst selbst anpflanzen oder sich sonst irgendwie nützlich machen, so dass er ihnen ebenfalls etwas Sinnvolles im Tausch gegen Nahrungsmittel anbieten kann.

Mr. A und Mr. B verfügen über den wirklichen Reichtum. Sie verfügen über die Talente und die Produkte, die ein Mensch wirklich benötigt. Dieser Schnösel, der nichts zu ihrer Gemeinschaft als ein paar bunter Scheine beigetragen kann, hält die großen Reden und will den beiden sagen, was sie zu tun und zu lassen haben.

Hier ist Schluss.

Mr. A und Mr. B haben einen Plan erarbeitet, wie sie bei der Benutzung von Geld bleiben, aber diesen Schmarotzer ein für allemal los werden können.

Da Mr. A und Mr. B die Dinge haben, die Mr. Banker dringend zum Leben braucht, ist er natürlich gezwungen, sich bei Mr. A und Mr. B einzufinden, um seine bunten Scheinchen gegen Weizen, Eier, Milch, Käse und alle anderen wichtigen Güter des täglichen Lebens einzutauschen. Nach einer Woche, da sie natürlich die von Mr. Banker benötigten Lebensmittel so teuer wie möglich an ihn verkauften, war Mr. Banker pleite, und Mr. A und Mr. B hatten die gesamten 100 Euro wieder zurück.

Da sie den aufgeblasenen Mr. Banker durchschaut hatten, machten sie mit ihm keinerlei weitere Geschäfte, denn schließlich hatten sie sich ja darauf geeinigt, " Ohne Geld kein Geschäft." Mr. Banker bot ihnen einen weiteren Kredit an, um sie wieder in denselben Betrug zu ziehen, aber das Spiel hatten Mr. A und Mr. B gründlich durchschaut. Sie wussten ganz genau, wenn sie sich auf einen weiteren Kredit einlassen würden, käme es am Ende wieder zu der Situation, dass sie für Mr. Banker mitarbeiten müssten und er am Ende, ohne dafür auch nur einen Finger krumm machen zu müssen, über das gesamte Geld verfügen würde.

Alleine, dass sie sein Geld verwendeten, das sie von ihm auch noch gegen Zins liehen, reichte aus, aus zwei freien, fleißigen und zufriedenen Menschen mittellose Sklaven von Mr. Banker zu machen.

Nein danke, sie hatten ihre Lektion gelernt.

So sehr Mr. Banker sich auch bemühte, die Beiden zu einem neuen Kredit zu überreden, sie ließen sich nicht mehr darauf ein. Auf seine Lügen fielen Mr. A und Mr. B nicht mehr herein. Sie blieben hart und forderten ihn auf, ebenfalls etwas Nützliches herzustellen, das sie ihm dann abkaufen würden. Nur so könne Mr. Banker einen Platz in ihrer Gemeinschaft beanspruchen und seinen Lebensunterhalt bestreiten.
Da aber Mr. Banker alleine schon der Gedanke an Arbeit in Panik versetzte, ging er nicht auf die Aufforderung von Mr. A und Mr. B ein und verhungerte stattdessen lieber stillschweigend.

Mr. A und Mr. B taten weiter frohgemut ihr Tagwerk und handelten mit den jetzt ihnen wirklich gehörenden 100 Euro, auf denen weder eine Schuld lastete und auf die auch keine Zinsen mehr zu bezahlen waren. Ihr Leben hatte, nachdem sie für den Schmarotzer Mr. Banker nicht mehr mitarbeiten mussten, die Leichtigkeit zurück, die sie an ihrem Leben so sehr liebten. Sie waren wieder die Menschen, die ihr Arbeitspensum selbst bestimmten. Und wenn sie nicht gestorben sind, dann arbeiten und handeln sie noch heute.

Mr. Banker hat dazugelernt

So ungefähr müssen die ersten Versuche der Banker ausgesehen haben. Völlige Fehlschläge, aus denen spätere Generationen von Blutsaugern, sorry, ich meine natürlich Banker, gelernt haben.

Ihnen ist sehr schnell bewusst geworden, dass die Menschen das Schuldgeldsystem mit Zins nicht durchschauen dürfen, denn von dem Moment an, an dem die Menschen erkennen, dass die Banker rein gar nichts zum gemeinsamen Leben beitragen außer ein paar bunter Scheine, für die es nur Papier und Tinte, und heute nicht mal mehr Papier und Tinte braucht. Von diesem Moment an sind sie selbst dem Untergang geweiht. Nur ein paar Hardcore Masochisten würden freiwillig Geld verwenden, wenn sie regelmäßig, nur für den Gebrauch dieses Geldes an einige Schmarotzer Teile ihrer wertvollen Arbeitskraft abgeben müssten. So haben die Banker gelernt, den Menschen Luftschlösser zu bauen, die aber immer und ausnahmslos zu Verließen werden, in denen die gesamte Menschheit regelmäßig als Sklaven der Banker verschwindet. Das Verwerfliche ist, dass sich die Banker der wirklich guten Idee des Gebrauchs von Geldes bemächtigt haben und daraus das Schuldgeld mit Zins für ihre Zwecke gestaltet haben.

Da für Mr. A und Mr. B der Betrug aufgrund der leichten Überschaubarkeit schnell zu erkennen war, konnten sie, nachdem sie die richtigen Schlüsse gezogen hatten, sich von dem Schmarotzer Mr. Banker ganz leicht befreien. Sie hatten das einzig Richtige getan, sie hatten zwar weiterhin Geld verwendet, aber eben kein Schuldgeld mehr. Wie sie sich vorstellen können, ist den Bankern dieser Fehler ebenfalls bewusst geworden. Und natürlich haben sie nach Lösungen für dieses Problem gesucht, und gefunden.

Ein für das Schuldgeldsystem unbedingt notwendiger Faktor ist ihnen sozusagen in den Schoß gefallen, oder sollen wir besser sagen, aus dem Schoß gefallen.

Das Bevölkerungswachstum

Eine unbedingte Voraussetzung ist eine bestimmte Anzahl von Menschen, die die Überschaubarkeit des Systems so weit reduziert, dass der Einzelne das Schuldgeldsystem mit Zins nicht mehr durchschauen kann. Alleine, wenn wir aus unseren beiden Bewohnern Mr. A und Mr. B 100 Bewohner machen würden, ist das Schuldgeldsystem mit Zins dann so komplex, dass es zwar nach wie vor noch denselben Gesetzmäßigkeiten unterliegt, aber im Rahmen eines Buches nicht mehr anschaulich zu erklären ist. Die Banker, die über genau dieses Wissen verfügen, setzten natürlich alles daran, diese Wahrheit vor der Bevölkerung zu verbergen.

Schauen wir uns noch einmal am Beispiel von Mr. A, Mr. B und Mr. Banker an, wie die Banker das System des Schuldgeldes mit Zins zu ihren Gunsten nutzen und wie sie am Ende eines Schuldgeldzyklus Mr. A und Mr. B als vollkommen abhängige Arbeitssklaven "gewonnen haben".

Noch einmal überzeugt Mr. Banker Mr. A und Mr. B von den großen Vorteilen der Verwendung von (Schuld)Geld anstatt des Tauschhandels. Was, nebenbei bemerkt, auch eine unumgängliche Grundvoraussetzung ist, um parasitär von der Arbeitsleistung anderer zu profitieren. Vielleicht wird Ihnen jetzt auch bewusst, weshalb Staaten in den Zeiten zwischen zwei Währungen den Tauschhandel als Schwarzmarkt brandmarken und sogenannte Schwarzmarktgeschäfte hart bestrafen. Wenn jegliche Ordnung zerfallen und wieder einmal eine Wahrung völlig zerstört ist, ist Ihr Recht zum Überleben also strafbar?! Und die in dieser Zeit Mächtigen begründen das harte Vorgehen gegen die "Schieber" als Schutz vor Übervorteilung der armen Bürger. Völliger Nonsens, der einzige Grund des harten Vorgehens ist, die Bürger in ein neues Schuldgeldsystem mit Zins zu pressen. Immer dann, wenn ein Schuldgeldzyklus zu Ende ging und in aller Regel dessen Ende mit einem Krieg vertuscht wurde, sollten die Menschen auf jeden Fall in ein neues Schuldgeldsystem gezwungen werden.

Es beginnt dann die alte Lüge vom Wohlstand für alle von Neuem.

Schauen wir also weiter, wie Mr. Banker dazugelernt hat und Mr. A und Mr. B jetzt im Schuldgeldsystem mit Zins hält.

Mr. A und Mister B begeben sich jetzt mit den 100 Euro, die Mr. Banker ihnen geliehen hat und für die Mr. Banker nur die Kleinigkeit von 10% Zinsen pro Woche verlangt, wieder frisch ans Werk. Noch eine Kleinigkeit, diesmal, weil ihnen Mr. Banker sehr „vertraut" und nur ihr Bestes will (und auch bekommen wird), brauchen sie Mr. Banker die 100 Euro erst nach einen Jahr zurück zu zahlen.

Ist er nicht wirklich nett, unser Mr. Banker?

Nach der ersten Woche bekommt Mr. Banker von unseren beiden Freunden die ersten 10 Euro an Zinsen zurück.

Mr. Banker kauft dafür bei den Beiden für 5 Euro Waren ein.

So verfügen Mr. A und Mr. B nach der ersten Woche über 95 Euro. In der nächsten Woche dasselbe Spiel:

10Euro Zinsen an Mr. Banker, der wiederum für 5 Euro Waren von den Beiden kauft.

Kontostand Mr. A und B 90 Euro.

Kontostand Mr. Banker 110 Euro. Warum 110 Euro? Na ganz klar, die 100 Euro, die im Umlauf sind, gehören doch ebenfalls Mr. Banker, er hat sie den Beiden doch nur geliehen und bekommt sie nach einem Jahr wieder zurück. Deshalb, Mr. Banker 110 Euro.

3. Woche: Mr. Banker, der jede Woche bei Mr. A und B für 5 Euro Waren kauft, verfügt jetzt über 115 Euro.
Mr. A und B 85 Euro.

4. Woche: Mr. Banker 120 Euro,
Mr. A und B 80 Euro.

5. Woche: Mr. Banker 125 Euro
Mr. A und B 75 Euro.

Langweilig?
Langweilt Sie die Betrachtung des zweitgrößten Betruges, dem die Menschheit jemals aufgesessen ist? Langweilt Sie die Betrachtung

des zweitgrößten Betrugs, in dem Sie selbst und Ihre Familie die Opfer, und ihre Kinder die zukünftigen Opfer sind?

Es langweilt Sie, wenn vor ihren Augen ein Blutsauger, ohne einen Handschlag zu tun, immer reicher wird und alle anderen und Sie selbst, die täglich ihre Arbeitsleistung vollbringen, immer ärmer werden?

Wenn Sie das langweilt, dann hören Sie bitte sofort auf zu lesen und schalten Sie im TV RTL, Pro Sieben oder die anderen Ihr Hirn zersetzenden Sender ein.

Für die, die erkannt haben, was hier aufgezeigt wird, weiter im Text.

Noch ein Wort an die Leser, die sich fragen, weshalb ich den die gesamte Menschheit aussaugenden und versklavenden Betrug als den nur zweitgrößten Betrug der Menschheitsgeschichte bezeichne. **Der größte Betrug**, und den diesen Betrug, den die Banker an der Menschheit begehen, begünstigende Betrug, dürfte ja wohl außer Frage die **Religion** sein. Eine fast komplette Spezies wurde mit brachialer Gewalt in ein hierarchisches System gepresst, in dem sie gelernt hat, alles, ohne zu hinterfragen, **zu glauben**, was ihnen "auserwählte" Männer vorschreiben. Ob die Jungfrauengeburt, die Erschaffung der Erde in sechs Tagen, die Erschaffung der Frau aus der Rippe eines Mannes und anderer den Verstand beleidigender Geschichten.

Derselben Mechanismen bedienen sich die Banker. Sie ernten von der gutgläubigen, nichts hinterfragenden Masse das, was die Religion über Jahrhunderte gesät hat. Fragen Sie Lloyd Blankfein von Goldman Sachs. Er wird Ihnen gerne bestätigen, dass er "Gottes Werk" vollbringt.

Zurück zu Mr. A, B und Mr. Banker.

6. Woche: Mr. Banker: 130 Euro,
Mr. A und B 70 Euro.

Plötzlich haben Mr. A und Mr. B das Gefühl, dass irgendetwas nicht stimmt. Trotz immer größerer Anstrengung haben sie immer weniger Geld zur Verfügung, um selbst Waren kaufen zu können. Nicht nur das, ihnen wird auch bewusst, wenn das mit ihren sinkenden Einnahmen so weitergeht, können sie die Zinsen bald nicht mehr bezahlen. Ganz zu schweigen von den100 Euro für den Kredit. Da Mr. Banker weiß, dass Mr. A und Mr. B an diesen Punkt kommen werden, greift er rechtzeitig ein, um Mr. A und Mr. B daran zu hindern, die Situation genauer zu analysieren. Schließlich sollen sie sich nicht zu viele Gedanken über etwas machen, von dem er schließlich der "Experte" ist und weiß, wie ihre Schwierigkeiten zu beheben sind. Da er ebenfalls weiß, wie man Menschen manipuliert und sowohl mit ihren Ängsten als auch mit ihren Bedürfnissen spielt, begibt er sich zu den Beiden und "versteht" natürlich sofort, warum der Handel zwischen ihnen fast zum Erliegen kommen musste. Er hat auch sofort eine plausible Erklärung für sie parat.

Es ist einfach zu wenig Geld im System.

Und um diesen Fehler zu beheben, bietet er ihnen einen neuen Kredit an, mit dem sie dann Investitionen tätigen und ihre Rezession beenden können. Mit den Mehreinnahmen können sie dann ebenfalls locker ihre Zinsen und den alten Kredit abbezahlen. Da Mr. A und Mr. B volles Vertrauen in den immer gut gekleideten und sehr seriösen Mr. Banker haben, willigen sie in seinen Vorschlag sofort ein.

Mr. Banker schlägt ihnen ebenfalls vor, dass sie diesmal Klotzen statt Kleckern sollen. Er schlägt ihnen weiterhin vor, den alten Kredit abzulösen und statt der 100 Euro 1000 Euro aufzunehmen. Und da er ein soziales Gewissen hat, verlangt er für diesen Kredit anstatt der 10 % vom Anfang nur noch 5% wöchentlicher Zinsen. Um ihnen noch weiter unter die "Arme zu greifen" ist der Kredit erst in 2 Jahren zurück zu zahlen. Mr. A und B sind angesichts des Vertrauens und der noblen Hilfe, die ihnen Mr. Banker zu Teil werden lässt, schier überwältigt. Sie halten Mr. Banker für einen sehr honorigen Mann, mit dem es eine Freude ist, Geschäfte zu machen.

Nach der Auszahlung der 850 Euro, natürlich sah sich Mr. Banker gezwungen für seine "Mühen" 50 Euro an Bearbeitungsgebühr und die 100 Euro für die Ablösung des alten Kredites einzubehalten, merkten Mr. A und Mr. B sofort den Aufschwung. Mr. Banker hatte wieder mal Recht. Anstatt mit diesen 100 Euro rum zu kleckern, hatten sie jetzt einen Batzen Geld zur Verfügung, der bei ihnen einen sofortigen Aufschwung auslöste.

Nochmals Dank an Mr. Banker.

So verging die erste Woche und die 50Euro Zinsen wurden fällig.

Jetzt bekam Mr. Banker von den beiden willigen Arbeitstieren den fünffachen Betrag an Zinsen.

Nicht mehr die 10 Euro vom Anfang waren sein Einkommen, nein jetzt nahm er 50 Euro ein, und das jede Woche. Und dieses "Wunder" geschah, obwohl er die Zinsen von 10% auf 5% halbierte.

Das hieß, er konnte sich jetzt von den Beiden, wenn er bei seiner Strategie blieb und sich für die Hälfte der Zinseinnahmen etwas kaufte und die andere Hälfte zurücklegte, 5 Mal so viele Dienstleistungen und Waren leisten als zuvor.

Wie heißt es so schön Neudeutsch "Voll Krass Respekt, Mr. Banker".

Und die Hochachtung der Beiden Mr. Banker gegenüber stieg natürlich ebenfalls an, denn sie merkten, dass sie es mit einem sehr klugen und erfolgreichen Geschäftsmann zu tun hatten, mit dem es eine Freude war, zusammen zu arbeiten.

So besaß also Mr. Banker nach einer Woche 1175 Euro. 1000 Euro schuldeten Mr. A und Mr. B ihm, 50 Euro Bearbeitungsgebühr behielt er am Anfang ein, 50 Euro Zinsen bekam er von Mr. A und B 100 Euro für den alten Kredit und für 25 hatte er eingekauft. Macht also 1175 Euro.

Was hatte Mr. Banker getan, um von 105 Euro der ersten Woche auf jetzt 1175 Euro zu kommen? Er hatte noch ein paar Geldscheine geschaffen und Mr. A und Mr. B vollends vom zweitgrößten Betrug der Menschheitsgeschichte überzeugt. Nicht schlecht, Herr Specht! Aber weiter im Text.

Sie ahnen sicher schon, was kommen musste. Natürlich nach einigen weiteren Wochen eine weitere Rezession.

Jetzt allerdings wussten Mr. A und B schon, wer ihnen helfen konnte, die für sie unangenehme Rezession zu überwinden. Deshalb gerieten sie nicht in Panik, sie begaben sich natürlich sofort zu Mr. Banker, um ihn um Hilfe zu bitten. Der war natürlich sofort bereit, ihnen zu helfen. Er erklärte ihnen, dass das in ihrem System einen völlig **normalen** Zyklus darstelle, sie sich darüber keine weiteren Gedanken machen müssten, denn wie sie beim letzten "normalen" Wirtschaftsabschwung gelernt hatten, habe er schließlich die richtigen Rezepte für sie, um auch die neuerliche Rezession zu überwinden.

Da sie seinem Expertenwissen, wie Rezessionen zu überwinden seien, blind vertrauten, gingen sie natürlich auch diesmal gerne auf seinen Vorschlag ein, einen weiteren Kredit von diesmal 10.000 Euro über 5 Jahre zu 5 % Zinsen aufzunehmen.

Neue Runde Aufschwung für alle: Here we come!

Kontostand nach der ersten Nachrezessionswoche:
Mr. Banker 10.000 Euro, plus 1000 Euro Bearbeitungsgebühr plus 500 Euro Zinsen, Minus 250 Euro Ausgaben für Luxusartikel und Eierschaukeln, bleiben also **11.250** Euro. Nette Summe für ein wenig "Expertenmeinung" und Überredungskunst.

Kontostand Mr. A und Mr. B in der Nachrezessionswoche: traurige 10.000Euro Schulden, von denen sie aber nichts merken wollten, denn sie hatten ja jetzt 9000 Euro ausbezahlt bekommen, was zu einem sofortigen weiteren Aufschwung führte.

500 Euro an Zinsen bezahlt und 250 Euro eingenommen, Kontostand also **8750** Euro, was ja einige tausend Euro mehr waren, als sie vor der Rezession hatten.

Und über die Schulden sagte Mr. Banker ihnen, bräuchten sie sich keine Gedanken zu machen, denn das Denken würde er ja für sie übernehmen, und wie er ihnen schon bewiesen hatte, waren seine Ratschläge immer von Erfolg gekrönt. Sie befolgten seinen Rat nur zu gerne, denn wer möchte sich schon die schöne Aufschwungsstimmung mit solch trüben Gedanken an Schulden verderben lassen?

Sie vertrauten Mr. Banker in Gelddingen, denn er war, wie er schon oft bewiesen hatte, der "Experte". Es kam ihnen gerade Recht, dass sie sich keine weiteren Gedanken machen mussten, denn so konnten sie ihren steigenden Wohlstand besser genießen und die immer stärker steigenden Arbeitsanforderungen machten sie so müde, dass sie einfach nur froh waren, sich nach Feierabend nicht mit Dingen beschäftigen zu müssen, die sehr komplex und für sie nur schwer zu verstehen waren. Und wozu hatten sie schließlich Mr. Banker, den erfolgreichen und integeren Geldmanager.

Nach nur 10 Wochen merkten sie, dass sie schon wieder in derselben unangenehmen Situation waren, die Mr. Banker ihnen als Rezession beschrieb. Sie mussten ihre Waren schon wieder billiger verkaufen und immer mehr davon herstellen, um noch einigermaßen einen Verdienst zu erwirtschaften, während Mr. Banker immer wohlhabender wurde und sie immer mehr Waren nur an ihn verkaufen konnten. Auch schien er der Einzige zu sein, der sich ihre Dienstleistungen noch leisten konnte. Die Beiden beschlich das Gefühl, dass da etwas nicht stimmen konnte.

Aber noch herrschte die Meinung bei ihnen vor, dass sie nicht klagen wollten, es hätte ja noch viel schlimmer kommen können. Nur Geduld, meine Lieben, euer "Wunsch" wird bald in Erfüllung gehen, denn ihr seid auf dem besten Wege.

Jetzt stand Mr. Banker vor der Frage, ob er die Verschuldung der Beiden noch weiter treiben soll oder nicht. Er könnte das Spiel mit Leichtigkeit noch viel länger treiben, denn Mr. A und B steckten mittlerweile so tief im Schuldensumpf, dass es für sie nur einen Weg gab, nämlich noch tiefer im Schuldensumpf zu versinken. Und da sie noch nicht erkannt hatten, dass in dem Schuldgeldsystem mit Zins nur Mr. Banker als Sieger hervorgehen kann, arbeiteten sie immer schneller, um der drohenden Zahlungsunfähigkeit doch noch zu entgehen. Denn ihre Schulden nicht bezahlen zu können, hielten sie für den größten Beweis von persönlichem Versagen. Und Versagen wollten Beide nicht. Aber zu versagen kam für Mr. A und Mr. B nicht nur aus Gründen der Ehre nicht in Frage, sondern auch aus handfesten materiellen Gründen. Wenn sie zahlungsunfähig werden würden, dann hätten sie mit der Zahlungsunfähigkeit alles verloren, was sie sich in Ihrem Leben erarbeitet hatten. Mr. Banker hatte natürlich als Garantie für die sehr hohe Kreditsumme Sicherheiten verlangt. Denn während die Beiden Mr. Banker voll vertrauten, schien sein Vertrauen in die Beiden nicht ganz so groß zu sein. Oder war es einfach der Umstand, dass es von Anfang an darum ging, sich die gesamte Lebensleistung der Beiden zu sichern?

Natürlich ist genau das ein Grund des Schuldgeldsystems mit Zins. Und der andere Grund ist, auf dem Weg bis zur völligen Übernahme der Lebensleistung der Bevölkerung ohne einen Handschlag ein fürstliches Leben führen zu können.

All das begriffen die Beiden noch nicht. Und sie duften auch nicht dahinter kommen, dass sie durch dieses System die Leibeigenen von Mr. Banker wurden. Aber Mr. Banker wäre nicht Mr. Banker, wenn er nicht auch für dieses „Problem" eine Lösung hätte. Und diese Lösung ist so genial wie teuflisch.

Damit die Beiden ihm nicht auf die Schliche kamen, zog er die Reißleine.

Da er ja schließlich der wahre Kenner ist und das logische Ende des Schuldgeldsystems kennt, weiß er auch, dass er den unausweichlichen Kollaps des Systems verschleiern muss. Schließlich haben die Bankdynastien aus den ersten Fehlschlägen gelernt.

Wie zieht er denn die Reißleine ohne sich als den Urheber des Crash erkennen zu geben?

Er sät zwischen den Beiden so lange Zwietracht und hetzt sie aufeinander, bis sie sich gegenseitig totschlagen. Im wirklichen Leben nennt sich dieses „Lösung" Krieg

Wie er das geschafft hat?

Für den "Experten für Rezessionen" und Manipulation war das ein leichtes Spiel. Er erzählte Mr. A, dass Mr. B Schuld an den immer wiederkehrenden Rezessionen trug. Mr. B erzählte er, es sei die Schuld von Mr. A. Daraufhin gerieten die Beiden in einen solchen Streit, dass sie sich gegenseitig tot schlugen.

Problem gelöst.

Den Nachkommen von Mr. A und Mr. B erzählte er natürlich, dass die Beiden wegen religiöser Fragen so in Wut gerieten, dass am Ende nur noch ihr tragischer Tod verzeichnet werden konnte. Sie konnten sich einfach nicht darüber einigen, ob die Vorhaut ab muss oder ob sie dran bleiben soll.

Wirklich tragisch.

So schrieb es Mr. Banker jedenfalls in die Geschichtsbücher. Als Schriftgelehrten und "Experte" auf vielen Gebieten, fiel es ihm natürlich auch zu, die Geschichtsbücher zu schreiben. Denn Mr. Banker wusste, dass es mindestens so wichtig war, die Geschichtsbücher in seinem Sinn zu schreiben, wie Geldscheine in Umlauf zu bringen.

Die, die hätten ahnen können, dass in dem System etwas nicht stimmte, konnten ihm jetzt nicht mehr gefährlich werden. Es war jetzt niemand mehr da, der aus eigener Erfahrung hätte berichten können, dass der „Fehler" vielleicht das System war.

So gründete Mr. Banker als einziger Überlebender mit den Söhnen von M. A und Mr. B. einen neuen kleinen Staat. Und begann jetzt das Spiel mit Mr. A Junior und Mr. B Junior von vorne. Und nicht nur das, er war jetzt auch noch viel reicher als zu Beginn der ersten Betrugs-runde, denn er hatte alles, was Mr. A und Mr. B Senior je in ihrem Leben erarbeitet hatten und zusätzlich noch *sein* Geld, mit dem er Mr. A Junior und Mr. B Junior ebenfalls zu seinen Sklaven machen konn-te. Und da Mr. Banker der Einzige war, der das große Drama überleb-te und ihnen als Augenzeuge von den "wahren" Gründen, die zu dieser Tragödie geführt hatten, berichten konnte, stieg ihre Verehrung für Mr. Banker ins Unermessliche. Sie gelobten sich, immer brav auf Mr. Banker zu hören und nicht die gleichen Fehler wie ihre Väter zu begehen.

Für die, die sich jetzt fragen, woher die Söhne von Mr. A und Mr. B kamen, habe ich den Rat: Fragen sie den Papst, denn er kann ihnen genau erklären, wie man aus einer Rippe einen Menschen formt. Und als weitere Quelle gibt es da auch noch Lloyd Blankfein, der eindeutig festgestellt hat, dass Banker "Gottes Werk" vollbringen. Und da wird es ja wohl kaum ein Problem für Mr. Banker gewesen sein, aus Mr. A und Mr. B eine Rippe zu entnehmen und sich ein paar neue Sklaven zu schaffen.

Was Sie, wie ich nur hoffen kann, in meiner kleinen Geschichte von Mr. Banker, Mr. A und Mr. B erkennen konnten, wird Ihnen im richtigen Leben bis zur Unkenntlichkeit entstellt als **Kapitalismus oder Soziale Marktwirtschaft** verkauft. Der Kapitalismus wird Ihnen als das beste System, das wir jemals hatten verkauft. Und dass ist nicht mal eine Lüge. Aber es ist nur für die das beste System, die das Monopol auf das Schuldgeld haben, für den großen Rest der Bevölkerung endet jeder Schuldgeldzyklus unausweichlich in einer großen Katastrophe, so wie dieser Zyklus, in dem wir uns gerade befinden und der zu Ende gehen wird.

Wir haben jetzt die einmalige und wahrscheinlich letzte Chance zu erkennen, wer die wahren Verbrecher sind und wie sie uns manipulieren. Dazu müssen wir aber schnell, ganz schnell wach werden.

Um diesen immer wiederkehrenden Mechanismus zu durchbrechen, brauchen wir keine neuen, abenteuerlichen Geldmodelle, kein auf Silber und Gold basierendes Geldsystem, wir brauchen nur ein Schuldgeld- und zinsfreies Geldsystem.

Aber was wir mindestens so dringend brauchen wie ein Schuldgeld- und zinsfreies System, ist eine echte Demokratie. Wir brauchen ein politisches System, in dem es nicht möglich ist, Macht auf einige Wenige zu konzentrieren. Denn diese parlamentarischen Diktaturen sind es, die den Bankern die Möglichkeit geben „Ihre Leute" an den entscheidenden Stellen der Macht zu platzieren.

Nur wenn es uns gelingt, diese beiden Systeme, ein schuld- und zinsfreies Geldsystem und eine echte Demokratie gleichzeitig zu implantieren, haben wir eine echte Chance, den Zyklus den uns das

Schuldgeldsystem mit Zins und die parlamentarische Diktatur immer wieder aufzwingt, zu durchbrechen und damit die Macht der Banker ein für allemal zu überwinden.

Ja, liebe Banker, ich verstehe den Schmerzensschrei, den ihr angesichts dieser Forderung loslassen werdet. Diese Forderung ist in euren Augen genau so unverschämt, als wenn ich euren Tod fordern würde. Und ihr habt mit dieser Darstellung zu 100% Recht.

Die Abschaffung des Zinses bedeutet wirklich euren Tod, nicht als Personen, sondern als Berufstand.

Es bedeutet das Ende des automatischen Einkommens ohne eigene Arbeitsleistung.

Es bedeutet das Ende eurer Macht.

Ihr seid dann etwas, was ihr scheut wie der Teufel das Weihwasser, ihr seid dann ganz einfache Menschen, die sich, wenn sie überleben wollen, in die Gemeinschaft produktiv einbringen müssen. Die sich selbst beim Bäcker anstellen müssen, da sie sich keine Diener mehr leisten können, die ihnen jeden "schweißtreibenden" Handgriff abnehmen.

Die sich ihren Hintern selbst abwischen und ihre Schuhe selbst putzen und zubinden müssen. Die lernen müssen, nur noch mit den Früchten ihrer eigenen Lebensleistung auszukommen.

Ich verstehe natürlich, dass euch diese "menschenunwürdige" Vorstellung in Panik versetzen muss, besonders einen solchen Irren wie Lloyd Blankfein von Goldman Sachs, der nach eigenen Aussagen als Banker schließlich "Gottes Werk" vollbringt. Nicht, dass die anderen Spitzen der Bankerdynastien einen besseren Bezug zur Realität hätten, aber dieser Irre hat uns wenigstens in seinen Wahnsinn blicken lassen.

Ich verstehe auch, dass diese Gestörten alle Register ziehen werden, und wenn sie uns dafür in einen nächsten Weltkrieg stürzen müssen, um diesen Betrug an der Menschheit zu vertuschen. Aber ihr geisteskranken Banker werdet auch verstehen müssen, dass wir alle Register ziehen werden, um euch wahnsinnigen Schmarotzer und Kriegstreibern die Basis eurer Macht zu entziehen.

Das Ende des Schuldgeldsystems ist auch das Ende des Narzissmus als Erfolgsmodel. Es ist nicht das Ende des Narzissmus, dieser Illusion hänge ich nicht an, aber der Narzissmus der sogenannten Elite wird es ungleich schwerer haben, sich noch einmal in solche Höhen über die sogenannten „einfachen" Menschen zu erheben.

Um es jedem Leser zu ermöglichen, die kranken Persönlichkeiten in Politik, Wirtschaft und Finanzwesen besser erkennen zu können, möchte ich an dieser Stelle die Diagnosekriterien der Narzisstischen Persönlichkeitsstörung ausführen.

- Tiefgreifendes Muster von Großartigkeit (in Phantasie oder Verhalten)
- Bedürfnis nach Bewunderung und Mangel an Empathie
- Hat grandioses Gefühl der eigenen Wichtigkeit (übertreibt z.B. die eigene Leistung und Talente, erwartet ohne die entsprechende Leistung zu erbringen als überlegen anerkannt zu werden).
- Ist stark eingenommen von Phantasien grenzenlosen Erfolges, von Macht, Glanz, Schönheit oder idealer Liebe
- Glaubt von sich, "besonders" und einzigartig zu sein oder nur von anderen besonderen oder angesehenen Personen verstanden zu werden, oder nur mit diesen verkehren zu können.
- Verlangt nach übermäßiger Bewunderung
- Hat hohes Anspruchsdenken, übertriebene Erwartung an besondere Behandlung oder automatisches eingehen auf die eigenen Erwartungen
- In zwischenmenschlichen Beziehungen ausbeuterisch, zieht Nutzen aus anderen, um eigene Ziele zu erreichen
- Mangel an Empathie, nicht Willens die Gefühle und Bedürfnisse anderer anzuerkennen oder sich mit ihnen zu identifizieren
- Häufig neidisch auf andere oder glaubt andere sind neidisch auf ihn
- Zeigt arrogante Verhaltensweisen oder Haltung

Wenn sie diesen Eliten wieder einmal unterwürfig, staunend und mit offenem Mund gegenüberstehen, denken sie daran, dass diese von Ihnen schon fast glorifizierten Eliten nur ihre kranken Persönlichkeiten auf **Ihrem** Rücken ausleben.

Vielleicht gelingt es Ihnen dann, diese "Eliten" als das zu sehen, was sie sind.

Erbärmliche a-soziale Kreaturen, die verantwortlich dafür sind, dass sich das Hamsterrad, in dem Sie leben, so schnell dreht und immer schneller drehen wird.

Doch diese Eliten sind nur so lange Eliten, solange Sie sich Ihnen demütig zu Füßen werfen. So lange Sie bereit sind, nach deren Regeln zu funktionieren, solange Sie Angst vor der Freiheit haben, solange füttern Sie diese Schmarotzer und halten Ihre eigene Unterdrückung in Gang.

Schlusswort

Ich hoffe, dass ich Ihnen die Augen öffnen konnte, dass die Wirklichkeit oft eine andere ist, als sie auf den ersten Blick erscheint und sie Ihnen in Kindergarten, Schule und Medien eingeredet wird.

Und dass weder Banker, Politiker oder sonstige, sich selbst Elite nennenden Sozialschmarotzer, auch nur das geringste Interesse daran haben, dass Ihnen die Wirklichkeit bewusst wird.

Wachen Sie auf und informieren Sie sich.

Und für unsere "Eliten" hoffe ich, wenn es uns gelungen ist, ein schuld- und zinsfreies Geldsystem einzuführen, dass sie noch ein sehr langes Leben haben werden und in der Mitte der Weltgemeinschaft mit uns zusammen das tägliche Brot erarbeiten werden.